<그리스도인이면 꼭 알아야 할 성경 지식>

다니엘

제1권

성경은 종교가 아닌 역사의 책이다(1-6장)

서울솔로몬학교 성경연수원

차 례

제 1 과 하나님을 두려워한 다니엘의 성별(1장) / 5

제 2 과 이방 왕국의 흥망성쇠를 주관하시는 하나님(2장) / 21

제 3 과 적그리스도의 예표인 느부캇넷살(3장) / 53

제 4 과 느부캇넷살은 왜 짐승처럼 행동했는가?(4장) / 65

제 5 과 고고학을 통해 본 바빌론의 영광과 멸망(5장) / 87

제 6 과 예수 그리스도의 위대한 예표 다니엘(6장) / 101

이 책에 인용된 성경 구절은 〈한글킹제임스성경〉입니다.

제1과

하나님을 두려워한 다니엘의 성별(1장)

『그러나 다니엘은 그가 왕의 음식으로나 왕이 마시는 포도주로 자신을 더럽히지 않으리라고 마음에 결심하고, 내시 장관에게 요청하여 자신을 더럽히지 않겠다고 하였더라』(단 1:8).

성경은 역사책이다!

"성경은 역사책이다." 단순한 종교 서적이 아니며, 과거, 현재, 미래 역사에 관하여 세상의 그 어떤 책보다 더 많은 역사적(사실적)인 정보들과 절대적인 진리를 담고 있다. 『**태초에 하나님께서 하늘과 땅을 창조하셨느니라**』(창 1:1). 이것은 "역사"의 시작을 보여 주는 위대한 선언이다. 이처럼 성경은 하나님의 신격이나 동정녀 탄생, 십자가의 고난, 부활, 구원 계획, 교회, 신앙, 종교적인 신념, 경건 등과 같은 종교적인 내용으로 시작하지 않는데, 이는 성경이 실제적인 역사를 다루는 책이기 때문이다.

만일 성경이 "역사책"이라면 이 안에 기록된 모든 것은 제시간에 역사 속에서 실제로 일어나야 한다. 역사적인 관점에서는 누군가의 인생의 성패가 달린 종교적인 선택이나 신념 따위는 중요하지 않다. 오직 그 역사적인 사실이 "진실인가, 거짓인가"만 중요할 뿐이다. 이 책 안에 기록된 역사에 대해 믿든지 믿지 않든지, 그것은 이미 정해진 역사와 그 내용에 어떤 영향도 줄 수 없다. 역사는 "역사"일 뿐이기 때문이다. 따라서 이 책 안에 기록된 모든 역사적인 사건들은 반드시 제시간에 실제로 일어날 수밖에 없다. 그래서 성경은 무서운 책이다.

인간은 선택해야 한다. 이 한 권의 역사책인 성경을 선택할 것인가 아니면 세상의 다른 책들을 선택할 것인가, 이 성경에 자신의 인생을 걸 것인가 아니면 다른 책들에 자신의 명운을 걸 것인가를 선택해야 한다. 기회는 생명의 호흡이 붙어 있는 지금 외에는 없다. <u>인간이 할 수 있는 가장 현명한 선택은, 모든 역사를 주관하시는 하나님과 그분께서 친히 기록하신 이 성경 앞에 겸손히 무릎을 꿇고 그 역사의 주인이신 주님의 명령에 온전히 승복하는 것이다.</u>

다니엘서는 어떤 책인가?

1. 저자와 기록 연대

➡ 선지자 "**다니엘**"이 "B.C. 607-534년"에 기록했다. 예수 그리스도께서는 다니엘 8:13; 11:31을 인용하심으로써(마 24:15, 막 13:14), 이 책의 저자가 "**다니엘**"이라는 사실을 분명하게 밝히셨다.

2. 선지자 "다니엘"은 어떤 사람인가?

1) 이름의 뜻 : "하나님은 나의 심판자시라," "나의 심판자는 하나님이시라."

2) 왕의 씨들에 속한(단 1:3) 유다 지파 출신으로, 바빌론 제1차 침공 때인

"**여호야김 제3년**"(B.C. 606년, 단 1:1, 왕하 20:18; 24:1,2, 대하 36:6)에 바벨론으로 사로잡혀 갔다.

3) 바벨론 제국의 느부갓네살의 통치하에서는 느부갓네살의 잊어버린 꿈을 알려 주고 해석해 줌으로써 바벨론 제국에서 매우 높은 지위까지 올라갔고(단 2:48,49), "**70년의 바벨론 포로 기간**" 전체를 살았으며, 메디아인 다리오의 통치하에서는 페르시아 왕국의 120개 지방을 통치하는 최고 총리가 되었다(단 6:1-3).

4) "**하나님께 크게 사랑받는 자**"(단 9:23; 10:11,19)로서, 인격에 관한 한 어떤 흠도 발견되지 않았다.

➡ **사도 요한과의 공통점** : ❶ 주님으로부터 "사랑받는 자"였다(cf. 요 13:23; 19:26; 20:2; 21:7,20). ❷ 노년에 환상을 보았다. ❸ 말보다는 글로 예언을 남겼다. ❹ 다니엘서는 "**구약의 계시록**"으로 불릴 만하다.

5) 세계를 제패했던 바벨론과 메데 페르시아의 여러 왕들을 알았고, 그들의 꿈과 벽에 쓰인 글을 해석해 주었으며, 정치가로 활동했다. 공직에 있었을 때 그를 시기한 고위급 관리들에 의해 모함받은 적은 있지만, 탄핵을 당하지는 않았다.

6) 천사들과 대화했고, 그에게 직접 나타나신 주님으로부터 환상들을 받았다.

7) "**믿음**"에 있어서도 위대한 사람으로 인정받았기에, "**믿음의 장**"이라 불리는 히브리서 11장에는 "**사자들의 입을 막은 자**"(히 11:33, 단 6:22)로 기록되어 있다.

3. 다니엘서의 주제

➠ "이방 왕국들의 역사와 멸망, 그리고 메시아 왕국의 위대한 승리"(단 2,7,8,11장, cf. 시 2:7-9)를 주제로 예언하고 있다.

4. 다니엘서의 특징

1) **구약이 끝나는 시점에서 신약이 시작되는 시점까지의 기간(신구약 중간사)에 일어난 "미래 역사"를 기술하고 있을 뿐만 아니라**, 교회 시대를 넘어 대환란과 재림 때 일어날 "미래 역사"까지 예언하고 있다. 그런 면에서 "**요한계시록**"과 짝을 이룬다.

다니엘	요한계시록
구약의 마지막 책(말라기)과 그리스도의 "초림" 사이의 간격을 메움	신약의 마지막 책(요한계시록)과 그리스도의 "재림" 사이의 간격을 메움
구약의 27번째 책	신약의 27번째 책
하나님의 사랑을 받은 선지자	예수님의 사랑을 받은 제자
구약의 요한계시록	신약의 다니엘서

2) 다니엘이 말로써 직접 증거한 것보다는 환상들을 통해 예언한 것이 더 많이 기록되어 있다.

3) "**이방인들의 때**"(눅 21:24)를 다루는 가운데 "이방 왕국들의 흥망성쇠의 역사"를 자세히 다룬다. 특히 미래에 등장할 적그리스도와 대환란에 관한

계시가 구체적이다.

4) **영적 존재들에 관한 언급이 많다**(단 3:25; 4:13; 7:9; 10:13; 12:1 등).

5) **다니엘서의 일부 내용이 히브리어가 아닌 "<u>아람어</u>"**(고대 시리아어)로 기록되어 있다(단 2:4-7:28, cf. 스 4:8-6:18).

다니엘서의 구성

➡ 다니엘서는 두 부분으로 나뉘는데, 주로 "<u>역사적인 내용</u>"을 다루고 있는 "<u>1-6장</u>"과 "<u>예언적인 내용</u>"을 다루고 있는 "<u>7-12장</u>"으로 나뉘는 것이다. 물론 다니엘 1-6장에서 예언이 나오지 않는 것은 아니지만 주로 역사적인 사건들과 맞물린 예언들이다.

역사적인 부분		예언적인 부분	
1장	다니엘의 성별	7장	네 짐승의 환상
2장	느부갓넷살이 꿈꾼 큰 형상	8장	숫양과 숫염소 환상
3장	세 친구의 성별	9장	칠십 주에 관한 환상
4장	느부갓넷살의 나무 환상	10장	영광의 주님의 환상
5장	벨사살의 운명의 날	11장	북쪽 왕과 남쪽 왕 환상
6장	사자 굴에 갇힌 다니엘	12장	마지막 때에 관한 환상

구분		주제	이방 왕국의 역사					
역사적인 부분	1장	다니엘의 성별	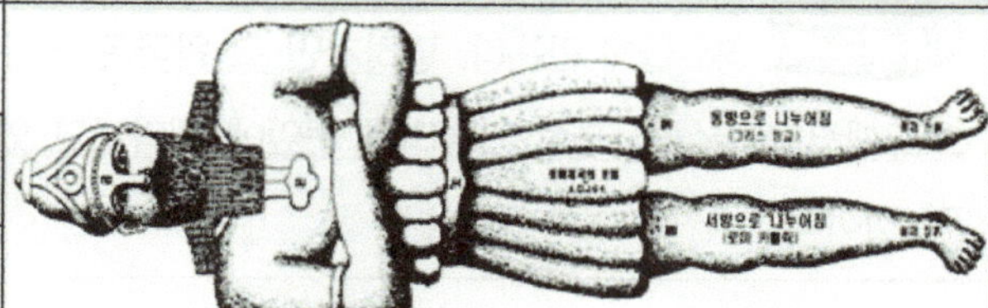					
	2장	❶ 느부갓네살이 꿈꾼 큰 형상						
	3장	다니엘의 세 친구의 성별	B.C. 606	B.C. 536	B.C. 330	B.C. 100	십자가	휴거
	4장	느부갓네살의 나무 환상	금	은	놋	철		철+진흙
	5장	벨사살의 운명의 날	머리	가슴 양팔	배 넓적다리	다리	감추어진 교회시대	발 발가락
	6장	사자 굴에 갇힌 다니엘	바벨론	메데 페르시아	그리스	로마		적그리스도
예언적인 부분	7장	❷ 네 짐승의 환상		사자	곰	표범		무서운 짐승
	8장	❸ 숫양과 숫염소의 환상		숫양	숫염소			작은 뿔
	9장	칠십 주에 관한 환상		마케도니아	시리아	이집트	트라키아	
	10장	영광의 주님에 대한 환상			↓	↓		
	11장	❹ 북쪽 왕과 남쪽 왕의 환상			북쪽 왕	남쪽 왕		북쪽 왕 시리아
	12장	마지막 때에 관한 환상						

<u>여기에 이방인들의 역사를 한눈에 펼쳐 보이는 선지자 다니엘이 있다.</u> 다니엘은 유대인의 왕족 출신으로 바벨론에 포로로 잡혀간 상황에서 이방인들에 관한 역사와 그 최후를 예언한다. 즉 자기를 사로잡아 간 이방 왕국 한가운데 서서 그 이방 왕국들의 궁극적인 멸망을 예언하는 것이다. "패전국"의 한 선지자가 세계를 제패한 "승전국" 한가운데 서서, 그것도 그 왕국의 최고 자리에 앉아 있는 왕 앞에서 담대하게

예언하는 모습은 유다 왕국이 결코 패전국이 아니라는 생각마저 들게 만든다. 말하자면 그 왕국은 메시아이신 주 예수 그리스도께서 이루실 궁극적인 승리를 눈앞에 내다보고 있는 영광스러운 왕국인 것이다.

■ 새롭게 깨달았거나 적용할 내용이 있다면 적어 보세요. ■

느부캇넷살의 예루살렘 침공과 포로들(1,2절)

『유다의 여호야킴왕 치리 제삼년에, 바빌론의 느부캇넷살왕이 예루살렘에 와서 그 성을 포위하였더라. 주께서 유다의 여호야킴왕을 하나님의 집 기명 일부와 더불어 그의 손에 주셨더니, 그가 그것을 시날 땅 자기 신의 집으로 가져와, 그 기명들을 그의 신의 보물창고로 옮겼더라』(1,2절).

1. 다니엘 1장은 유다 왕국이 처했던 시대적 상황부터 기술하기 시작한다.

➠ 바빌론 느부캇넷살 왕이 침공하여(1절) 남왕국 유다에서 자행한 일을(2절) 간략하게 설명한다. 느부캇넷살의 예루살렘 침공은 총 "세 차례"에 걸쳐서 일어났다.

제1차	여호야킴 때 (1,2절, 왕하 24:1,2, B.C. 606년)	다니엘이 포로로 잡혀감 (3,6절)
제2차	여호야킨 때 (왕하 24:10, B.C. 598년)	대규모의 포로들이 잡혀감
제3차	시드키야 때 (왕하 25:1, B.C. 587년)	시드키야가 두 눈이 뽑힌 채로 잡혀감

2. 바빌론에 의해 예루살렘이 짓밟히고 남왕국 유다가 포로로 잡혀가기 시작하면서 "이방인들의 때"가 시작되었다(B.C. 606년).

➠ "<u>이방인들의 때</u>" : "<u>예루살렘이 이방인들에게 짓밟히는 기간</u>"(눅 21:24),

곧 "**바빌론 제1차 침공**"부터 "**예수 그리스도의 재림 때**"까지의 기간으로 예루살렘이 짓밟히는 모습은 대환란 때 절정에 달할 것이다(계 11:2).

3. 예루살렘에 입성한 느부갓넷살은 유다 왕 여호야킴을 생포하여 묶은 뒤, 성전에 들어가 하나님의 집 기명들을 마구 노략질했는데, 그가 성전 기명들을 노획해 갔다는 사실은 "역대기하 36:7"에도 기록되어 있다.

4. 거룩한 하나님의 성전 기물들이 이방 군대에 노략질당했을 뿐만 아니라, 이방 신을 섬기는 우상 신전으로 옮겨졌다는 사실은 매우 충격적인 일이었다.

➡ 그것이 하나님의 백성 이스라엘에는 크나큰 치욕이었는데, 이는 그들이 하나님께서 택하신 백성이기에 죄에 대한 징계가 그만큼 준엄하고 철저했음을 보여 준다.

히브리 포로들의 정체성 개조(3-7절)

1. 바빌론 왕이 그의 내시 장관 아스페나스에게 이스라엘 자손들과 왕의 씨들과 고관들 중에서 몇 사람을 데려오라고 했는데, 이는 바빌론 포로에 관한 이사야의 예언이 성취된 것이었다(3절, 사 39:6,7).

2. 3절에서 『왕의 씨들』이라고 언급하고 있는 것은, 6절에 나오는 다

니엘과 하나냐와 미사엘과 아사랴가 유다의 히스기야 왕 이후 어느 왕들의 손자들이었거나 증손자들쯤 되는 고귀한 신분의 귀족 청년들이었음을 보여 준다. 그들은 왕궁에서 설 수 있는 개인적 역량을 갖춘 인물들이었다(4절).

3. 느부갓네살은 바로 그 왕의 씨들에게서 유대인으로서의 정체성을 제거하기 위해 다음과 같은 일들을 실행했다.

1) 바벨론의 종교와 관습을 주입하고자 그들의 학문, 언어, 음식을 개조시키려 했다(4,5절).

➡ 물론 그 목적은 바벨론 왕 앞에 서게 하려는 것이었으니, 하나님의 백성으로서의 장점을 바벨론식 개조 작업을 통해 이방인을 위한 장점으로 만들려고 했던 것이다.

2) 포로들의 이름을 바꿈으로써 그들의 정체성을 말살시키려 했다(6,7절).

➡ 즉 바벨론 제국 방식의 "창씨개명"이었던 셈이며, 이로써 유대인으로서의 정신적 잔재들을 말끔히 씻어 내려 했던 것이다. 하지만 다니엘과 세 친구는 전혀 영향을 받지 않았다. 참된 믿음은 외부 환경의 변화에 동요되지 않는 법이다!(마 7:24,25)

다니엘	하나님은 나의 심판자이시라	➡ 벨드사살	벨이 호의를 베푼 자
하나냐	주님의 사랑을 받은 자	➡ 사드락	태양신이 비춘
미사엘	하나님과 같은 분은 누구인가	➡ 메삭	비너스와 같은 자가 누구인가
아사랴	주님은 나의 도움이시라	➡ 아벳느고	느고의 종

다니엘의 성별과 그 결과(8-21절)

1. 다니엘은 왕의 식탁에서 나온 음식과 포도주로(5절) 자신을 더럽히지 않으려고 했다(8절). 왜냐하면 그것들은 우상들에게 바쳐진 것들이기 때문이었다.

   1) 우상 숭배자들에게는 그들이 먹는 음식과 음료를 우상에게 먼저 바치는 관습이 있었다. 그런 후에 그들은 우상에게 바친 제물을 먹고 마셨을 것인데, 그중 일부를 다니엘과 세 친구에게 먹을 음식으로 하사했을 것이 틀림없는 것이다.

   2) <u>다니엘은 음식에 대해 강한 규제를 받던(레 11장) "율법 하의 유대인"이었기 때문에 우상에게 바쳐졌던 음식을 먹는 것은 곧 자신을 "더럽히는" 행위였다</u>.

2. 하나님께서는 그분을 두려워한 다니엘에게 내시 장관의 호의와 은총을 얻게 하셨다(9절). cf. 잠언 16:7

   1) 내시 장관은 왕이 하사한 음식을 먹지 않아 "<u>네 청년</u>"의 용모가 다른 청년들보다 못하면 자기 목숨이 위태로워질 것을 염려했다(인간 왕을 두려워함, 10절). 그러자 "<u>**하나님을 두려워한**</u>" 다니엘은 자신들을 "<u>**콩죽**</u>"으로 시험해 볼 것을 제안했다(12,13절).

   2) <u>하나님을 두려워하는 다니엘과 인간 왕을 두려워하는 내시 장관 사이에</u>

<u>오고 간 제안과 시험은 결국 다니엘의 완승으로 끝났다</u>. 그들을 콩죽으로 열흘 동안 시험했더니 왕의 음식을 먹은 소년들보다 더욱 아름답고 살쪄 보였기 때문이다(14-16절).

(1) 이것은 "<u>콩죽</u>"과 "<u>물</u>"이 인체에서 발휘하는 음식으로서의 위대함이 아니었다. 또한 채식의 우월함도 아니었다. **<u>이것은 위대하신 하나님의 섭리적인 손길이 개입된 결과였다</u>**.

(2) 다니엘과 달리 "<u>데마</u>"처럼 "**<u>이 현 세상</u>**"과 타협하면(딤후 4:10), 무력하고 영적으로 파산하게 된다. 세상과 타협한다면, 하나님께서 그분의 거룩한 말씀으로 주시는 어떤 꿈도, 소망도, 환상도 없는 상태가 되어 버릴 것이다. 바빌론과 같은 "**<u>이 악한 현 세상</u>**"(갈 1:4)을 살아가면서, 하늘의 본향에 대한 소망을 품고 있는 성도가 반드시 행해야 할 것이 있다면 그것은 바로 "<u>성별</u>"이다!

3. 성별의 결과

1) **<u>하나님께서는 다니엘과 세 친구에게 지식을 주셨고, 다니엘에게는 모든 환상들과 꿈들을 깨닫는 능력을 주셨다(17절)</u>**.

(1) 하나님께서는 그분을 두려워하고 이방인들 앞에서 정직하고 참된 성별을 실천한 성도들에게 탁월한 능력을 주실 수 있다.

(2) 다니엘이 바로 그 예인데 그의 탁월함에 관해서는 에스겔 28장에도 언급되어 있다. 하나님께서는 마귀에게 『**보라, 네가 다니엘보다 더 현명하여 그들이 네게서 숨길 수 있는 비밀이 없고**』(겔 28:3)라고 말씀하는데, 이만하면, 다니엘이 얼마나 현명한 인물이었던가를 짐작할 수 있다.

2) 느부캇넷살이 네 청년을 불러들여 대화해 보니 바빌론에 그들과 같은

자가 없음을 알게 되었다. 지혜와 지식에 관한 한 바빌론의 어떤 현자들보다도 열 배나 더 나았으며(19,20절), 이로써 그들은 바빌론 제국의 통치자인 느부캇넷살 앞에 서게 되었다.

➠ **하나님께서는 그분을 두려워하고 존중함으로써 행한 행실에 대해 반드시 보상하시고 돌봐 주신다.**

『왕이 그들과 대화해 보니 그들 모두 가운데서 다니엘과 하나냐와 미사엘과 아사랴와 같은 자는 아무도 찾을 수 없으므로, 그들이 왕 앞에 서게 되니라. 왕이 지혜와 명철에 대해 그들에게 묻는 모든 문제들에 있어서 그들이 자기의 온 나라에 있는 모든 마술사들과 점성가들보다 열 배나 더 나은 것을 알더라』 (19,20절).

4. 다니엘은 코레스 왕의 첫해까지 계속 있었다(21절).

1) 바빌론은 벨사살 왕을 끝으로 메데 페르시아의 다리오 왕의 통치 아래로 들어갔는데(단 5:31; 9:1), 그 뒤 코레스 왕에 이르러 하나로 통합된다.

2) 다니엘은 『**바빌론 전지방의 치리자**』요, 『**모든 현자들을 주관하는 총독들의 우두머리**』가 되어(2:48) 느부캇넷살 왕이 죽을 때까지 보필했을 뿐만 아니라, 그 땅의 주인이 페르시아로 바뀌고 통치자가 바뀌기까지 칼데아인들의 땅에서, 즉 『**코레스왕의 첫해까지 계속**』 남아 있었다.

➠ 다니엘은 역사상 두 개의 세계 제국인 바빌론과 페르시아에서 공직 생활을 하는 아주 희귀한 경험을 한 인물인데, 이 모두가 역사를 주관하시는 하나님의 섭리였다.

제1과
복습문제

1. 남왕국 유다의 멸망을 돌이켜보면 하나님께서 택하신 백성에게 내리시는 죄에 대한 징계가 준엄하고 철저하다는 것을 알 수 있다. (O , X)

2. 느부갓넷살은 포로들의 (   )을 바꿈으로써 유대인으로서의 정체성을 제거하려고 했다.

3. 다니엘은 음식에 대해 강한 규제를 받던(레 11장) "(   ) 하의 유대인"이었기 때문에 우상에게 바쳤던 음식을 먹는 것은 곧 자신을 "더럽히는" 행위였다.

4. 다니엘과 세 친구를 콩죽으로 열흘 동안 시험한 결과, 그들이 왕의 음식을 먹은 소년들보다 더욱 아름답고 살쪄 보인 것은 채식이 몸에 좋기 때문이었다. (O , X)

5. 마귀가 다니엘보다 현명하다는 에스겔 28:3의 특별한 말씀은 하나님께서 다니엘을 그 지혜와 지식에 있어서 이 우주에서 마귀 다음으로 으뜸이 되게 하셨음을 보여 준다. (O , X)

■ 복습 문제의 정답은 홈페이지(www.solomonbtc.org)에서 확인할 수 있습니다.

NOTES

제2과
이방 왕국의 흥망성쇠를 주관하시는 하나님(2장)

『그 꿈이 이러하오며, 우리가 그 해석을 왕 앞에서 설명하리이다. 오 왕이여, 왕은 왕 중의 왕이시라. 하늘의 하나님께서 왕께 왕국과 권세와 능력과 영광을 주셨나이다』(단 2:36,37).

이방인들의 때

『또 그들은 칼날에 쓰러질 것이며, 모든 민족들에게 사로잡혀갈 것이요, 또 예루살렘은 이방인들의 때가 찰 때까지 이방인들에게 짓밟히리라』(눅 21:24). "이방인들의 때"는 "이방인들에 의해 예루살렘이 짓밟히는 기간"이다. 이 기간은 바빌론의 느부캇넷살 왕부터 시작되었는데, 그는 세계 최초로 전 세계적인 통치권을 위임받은 이방인 왕이었다(단 2:37,38). 예루살렘은 느부캇넷살의 제1차 침공(B.C. 606년)으로 짓밟히기 시작했고, 마지막 3차 침공 때(B.C. 587년)는 남왕국 유다가 멸망하면서 성전도 파괴되고 예루살렘이 완전히 함락됨으로써 예루살렘이 유린당하는 역사가 오늘날까지 지속되고 있다.

이와 연관해서 선지자 다니엘은 느부캇넷살의 꿈속에 계시가 된 커다란 형상을 통해 "이방인들의 때"에 펼쳐질 이방인들의 통치를 미리 기록해 두었다. 특히 다니엘 2장에서는, 바빌론에서 시작하여 메데 페르시아, 그리스, 로마까지 이어지는 이방인들의 역사가 줄지어 등장하게 되고, 로마 제국 이후로는 영국, 스페인, 프랑스, 러시아, 미국 등 강대국들이 등장하는 약 2천 년간의 교회 시대를 훌쩍 뛰어넘어, 대환란 때 등장하게 될 이방인들의 마지막 왕국인 적그리스도의 왕국까지 제시하고 있다. 바로 이 적그리스도의 왕국에 의해 예루살렘의 짓밟힘은 최고조에 달하게 된다(계 11:2).

하지만 적그리스도에 의해 절정에 달할 이 이방인들의 때는 결국 끝나게 되어 있다. 손으로 다듬지 않은 돌이신 예수 그리스도께서 그 모든 왕국을 쳐부수시고 영원히 멸망하지 않는 왕국을 세우실 것이기 때문이다(단 2:44). 이것은 재림 때에 반드시 이루어질 실제 역사이다.

느부갓넷살이 밤에 자기가 꾼 꿈을 망각함(1-18절)

1. 꿈을 잊은 느부갓넷살

➡ 하나님께서는 무엇인가를 계시하시기 위해 느부갓넷살에게 꿈을 주셨으나, 그는 너무나 두렵고 혼란스러웠던 나머지 그 꿈을 잊어버렸다(1,5절).

2. 꿈을 알아내지도, 해석하지도 못한 바빌론의 현자들(2-11절)

1) 마술사들, 점성가들, 요술사들, 칼데아인들은(2절)[1] 당대에 신들과 교통

1) "**마술사들**"(Magicians)은 실제로 마술을 했고 모든 신비적이고 행운을 빌기 위한 의식들을 행했다. "**점성가들**"(Astrologers)은 별들을 관찰하여 미래의 사건들을 예언하려는 사람들로서 동양의 고대 국가들에서는 흔했다. "**요술사들**"(Sorcerers)은 죽은 자들과 교통하려는 자들이었다. 그들은 여하한 방법으로 초자연적인 힘이나 지혜를 얻었다고 주장하는데, 사실은 악한 영들의 도움을 받아 그런 일을 했다. 현대 심령술은 이에 대한 좋은 예이다. "**칼데아인들**"(Chaldeans)

함으로써 그 교통 능력에 따라 초자연적인 지식이 있다고 자처했던 자들이었기에, 느부갓넷살은 그들에게 꿈에 대한 해석은 물론, 자기가 잊어버린 꿈까지도 기억해 내라고 요구했다(5절).

2) 바빌론의 현자들은 자기들의 무능함을 인정할 수밖에 없었고, 자기들의 초자연적인 지식이 모두 헛된 것이자 거짓말이었음을 시인할 수밖에 없었다.

➠ 『**육체와 함께 거하지 아니하는 신들 외에는 왕 앞에 그것을 알려 줄 자가 아무도 없나이다**』(11절).

3. 바빌론의 모든 현자를 멸하라는 칙령이 내려졌다(12-15절).

➠ 다니엘은 때마침 왕이 꿈의 내용과 해석을 요구하는 자리에 없었는데(14,15절), **이는 하나님께서 바빌론의 현자들에 의해 제공된 모든 이방인의 지식 체계가 거짓된 주장이었으며 그들이 무능한 자들이라는 사실을 공개적으로 드러내시기 위함이었다**.

4. 다니엘은 "시간"을 요구했는데, 이것은 일종의 "기도할 시간"을 얻기 위함이었다(16-18절).

➠ 동료들과의 기도 모임은(18절) 매우 중요했다. 만약 이 기도가 응답되지 않았다면, 다니엘과 세 친구가 죽임을 당하는 것은 물론, "**이방인들의 때**"에 관한 위대한 예언은 계시가 되지 못한 채 인류의 역사 속에서 아무런 의미 없이 흘러가고 말았을 것이다.

은 철학자들의 한 부류로서 그들 자신의 학문을 발전시킨 자들이었으며, 다니엘과 그의 동료들은 이 그룹에 속해 있었을 것이다.

그 비밀이 다니엘에게 환상으로 계시됨(19-30절)

1. 다니엘은 "밤의 환상"을 통해 왕의 일을 알게 되었는데(23절), 이 환상은 그들이 기도할 때 나타났을 것이다.

하나님께서는 그분의 성도들이 기도할 때 그분의 비밀스러운 일들을 계시해 주신다. 우리가 기도하지 않고 깨달을 수 있는 성경의 비밀스러운 일은 아무것도 없다. 성경을 통해서 하나님의 위대한 계시들을 조명받은 사람들은 모두 기도의 사람들이었다. 우리가 기도로써 하나님의 일을 알려고 할 때, 성령 하나님께서는 우리의 지각을 여시어 그 일을 깨닫게 해 주신다(눅 24:45).

2. 환상을 깨달은 다니엘은 서둘러서 왕에게로 가기보다는 가장 먼저 하나님을 찬양했다(19-23절).

1) 영원토록 송축받으실 하나님의 이름을 찬양했다(20절).
2) 지혜와 능력은 하나님의 것이라고 고백했다(20절).
3) 때와 시기를 바꾸시고, 왕들을 폐위시키시거나 세우시며, 현자들에게 지혜를 주시고, 명철을 아는 자들에게 지식을 주시는 하나님을 찬양했다(21절).
4) 깊고 은밀한 일들을 나타내시고, 어두움 속에 있는 것을 아시며, 빛과 함께 거하시는 하나님을 드높였다(22절).
5) 지혜와 능력을 주셔서 그 꿈과 해석을 알게 해 주신 하나님께 감사와 찬양을 드리면서 기도를 마쳤다(23절).

3. 왕 앞으로 인도된 다니엘의 증거(24-30절)

1) 그 은밀한 일은 하나님께서만 알려 주실 수 있다고 담대하게 증거함으로써 주 하나님만을 드높였다(27,28절). ➠ **해석들, 특히 "성경의 해석"은 오직 "하나님께만" 속해 있다.**

(1) 『**해석들은 하나님께 속하지 아니하나이까?**』(창 40:8)

(2) 『**오직 하늘에 계신 하나님뿐이시니, 그분은 은밀한 것을 나타내시며**』(단 2:28).

(3) 『**그때 그들의 지각을 열어 성경을 깨닫게 하시더라**』(눅 24:45).

(4) 『**그러나 진리의 영이신 그분이 오시면 너희를 모든 진리로 인도하시리라... 또 너희에게 다가올 일들을 알려 주시리라**』(요 16:13).

2) 다니엘은 하나님께서 장차 "**훗날들**"(latter days)에 있을 일을 왕에게 알게 하신 것이라고 증거했다(28-30절).

(1) 성경에서 "**훗날들**"("**마지막 날들,**" "**끝**")은 모두 예수 그리스도의 왕국 및 재림과 연관되어 있다. 원래는 예수 그리스도의 초림에 해당하는 때를 말하는 것이었으나, 유대인들에 의해 메시아 왕이 거부되는 바람에 재림 때로 연기된 것이다.

(2) 느부캇넷살의 꿈은 자연스럽게 그의 왕국부터 시작해서 미래에 펼쳐질 왕국들의 모습으로 진행된다. 그리고 그 왕국들의 마지막 끝에는 "돌" 왕국이 세워지는데, 그것이 바로 주 예수 그리스도의 왕국이다. 말하자면 그 왕국들은 마지막을 향해 달려가는 역사를 보여 주고 있으며, 그런 가운데 전개되는 왕국들의 흥망성쇠는 모두 "**이방인들의 때**"에 펼쳐질 일이었다. **이제 느부캇넷살의 꿈이 다니엘을 통해 해석됨으로써 그 흥망성쇠의 역사가 그들의 눈앞에 파노라마처럼 펼쳐지게 된다.**

느부갓넷살의 꿈과 해석

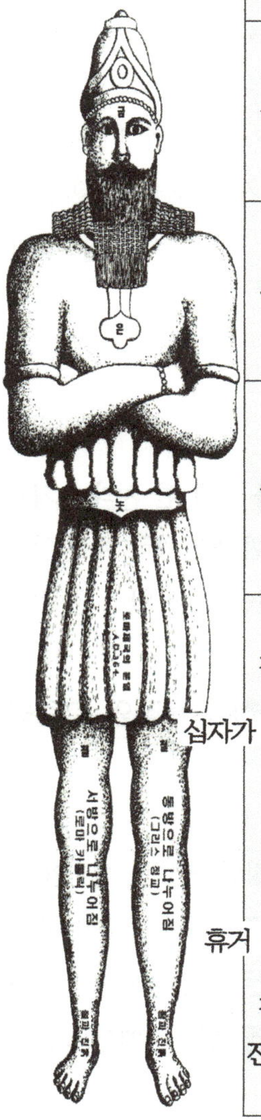

형상	부위	비중	왕국	왕	연대	정치 형태
금	머리 (32절)	19.3	바빌론 (37,38절)	느부갓넷살	B.C. 606	강력한 절대 왕정
은	가슴 양팔 (32절)	10.8	메데 페르시아 (39절)	코레스 (다리오)	B.C. 536	약화된 절대 왕정
놋	배 넓적다리 (32절)	8.0	그리스 (39절)	알렉산더	B.C. 330	군주제
철	다리 (33절)	5.0	로마 (40절)	카이사	B.C. 100	공화제
다니엘에게 계시가 되지 않은 감추어진 "교회 시대" (A.D. 70년 이후로 유대인들은 민족들 사이로 흩어짐)						
철 진흙	발 발가락 (33절)	1.9	적그리스도 왕국 (41-43절)	적그리스도	휴거 이후 (대환란)	사회주의 민주 공화국

느부갓네살 왕이 다니엘을 통해 "꿈의 내용"을 들었을 때는 그저 놀라는 정도였겠지만, 그 "꿈의 해석"을 들었을 때는 그야말로 벼락에 맞은 것 같은 느낌을 받았을 것이다. 그 꿈의 내용은 느부갓네살의 왕국이 점점 더 못한 왕국으로 바뀌어 가며 결국에는 멸망하리라는 것이었다. 바빌론의 현자들과 아첨꾼들은 이 꿈의 내용이 무엇인지 설령 알았을지라도 결코 다니엘과 같은 해석을 공개적으로 할 수 없었을 것이다. 지금 막강한 권세를 누리고 있는 왕 앞에서 바로 그 왕의 멸망과 이방 주권의 멸망을 말한다는 것 자체가 불가능한 일이었을 것이기 때문이다.

1. 이것은 참으로 위대한 예언이었다.

➠ **이 예언이 위대한 이유는 이 일들이 세계 역사를 통해 한 치의 오차도 없이 정확하게 이루어졌기 때문이다**. 단지 발과 발가락 왕국 때에 있을 일들과 멸망하지 않는 메시아 왕국에 대한 예언만 남아 있을 뿐이다.

2. 이 예언은 "이방인들의 때"에 일어날 역사에 관한 전체적인 그림을 보여 준다.

1) **이방인들의 때는 점점 쇠락해 간다**. 제아무리 이방인들이 전 세계의 패권을 쥐고 있다 해도 이방인들의 왕국은 영원히 존속되지 못하며, 결국에는 쇠락하여 멸망하게 되어 있다. **그런 세상 왕국들이 쇠퇴하는 모습을 이 형상에서 사용된 금속들의 가치가 점점 하락하는 것에서도 찾아볼 수 있다**.

2) 머리가 무겁고 발은 진흙과 철로 되어 있어서, 겉으로 보기에도 불안해 보이는 이 형상은, 비록 크고 무서워 보이지만 언제라도 무너져 내릴 것만 같은 형국이다. 이처럼 하나님이 없는 이방 왕국의 통치는 항상 "안정"이 없는 것이다.

■ 이방인들의 때 vs. 이방인들의 충만함 ■

"이방인들의 때"(눅 21:24)가 이방인들의 "통치"와 연관된다면, "이방인들의 충만함"(롬 11:25)은 이방인들의 "죄"와 연관된다. 하나님께서는 참 올리브나무인 이스라엘을 그들의 죄가 충만해졌을 때 끊어 버리셨듯이, 돌 올리브나무인 이방인들도 그들의 죄가 충만해지면 끊어 버리실 것이다. 이스라엘의 죄는 예수님을 십자가에 못 박았을 때 충만해졌고(마 23:32), 이방인들의 죄는 아마겟돈 전쟁에서 충만해진다.

금으로 된 머리 : 바빌론(느부캇넷살)

『이 형상의 머리는 정금이요... 그 꿈이 이러하오며, 우리가 그 해석을 왕 앞에서 설명하리이다. 오 왕이여, 왕은 왕 중의 왕이시라. 하늘의 하나님께서 왕께 왕국과 권세와 능력과 영광을 주셨나이다. 또 사람의 자손들과 들의 짐승들과 하늘의 새들이 살고 있는 모든 곳들을 하나님께서 왕의 손에 주셔서 왕으로 그들 모두를 다스리는 자가 되게 하셨나니, 왕은 곧 이 금 머리니이다』(32,36-38절).

1. 세계를 제패한 기간

➡ B.C. 606년부터 B.C. 536년까지(70년 동안 제패함)

■ 바벨론(신바벨로니아) 왕국의 계보 ■	
느부갓넷살	예루살렘을 함락시키고 이방인의 때를 시작함
에윌므로닥	포로로 잡아 온 여호야킨 왕을 석방해 줌
네리그릿살	느부갓넷살의 사위
라보로소알코드	네리그릿살의 아들로 "저능아"였음
나보니두스	느부갓넷살의 사위
벨사살	바빌론의 마지막 왕(단 5:30,31)

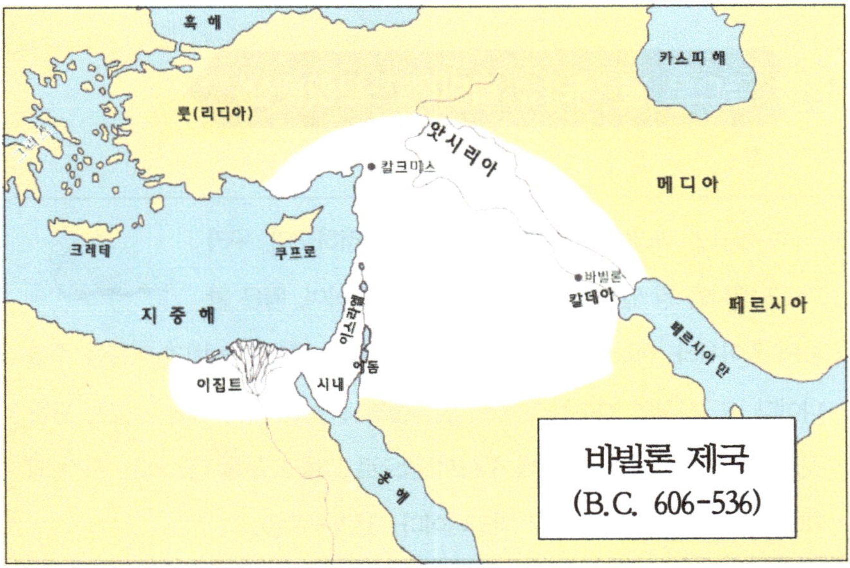

2. 왕국의 정치 형태 : 강력한 "절대 왕정"

➡ "**왕**"의 권력이 절대적이었고, 왕을 중심으로 한 "**완전한 독재체제**"였다.

『오 왕이여, 지극히 높으신 하나님께서 왕의 부친 느부캇넷살에게 한 왕국과 위엄과 영광과 영예를 주셨으며, 그분께서 그에게 주신 그 위엄에 모든 백성과 민족과 언어들이 그의 앞에서 떨고 두려워하였으며, 그가 죽이고 싶으면 죽이고 살리고 싶으면 살리며 그가 높이고 싶으면 높이고 낮추고 싶으면 낮추었는데』 (단 5:18,19).

3. "이방인들의 때"의 문을 열어젖힌 느부캇넷살 왕

1) 세 차례의 침공(B.C. 606, B.C. 598, B.C. 587)을 통해 예루살렘을 함락시킴으로써 남왕국 유다가 완전히 멸망하고, 예루살렘이 이방인들에 의해 짓밟히기 시작하는 『**이방인들의 때**』(눅 21:24)가 시작되었다.

2) 『**왕 중의 왕**[a king of kings]』(37절, 겔 26:7)인 느부캇넷살

➡ 『**만왕의 왕**[King of kings]』(딤전 6:15, 계 17:14, cf. 계 19:16 - 『**만왕의 왕**[KING OF KINGS]』)이신 주 예수 그리스도를 흉내 내는 "적그리스도"의 예표가 된다.

4. 바빌론 제국의 존재 의미 : "남왕국 유다를 멸망시키기 위한 하나님의 도구"

➡ 찬란하고 위대했던 바빌론이 100년도 채 안 되어 무너졌다는 것은, 바빌론 제국의 존재 가치가 남왕국 유다를 멸망시키고 그 백성들을 70년 동안 포로로 잡아 두는 것이었음을 보여 준다(렘 26:6,7; 29:10, 단 9:2). **『그리하면 이 온 땅이 황폐함과 경악거리가 되며 또 이 나라들은 바빌론 왕을 칠십 년간 섬기리라. 칠십 년이 차면 내가 바빌론 왕과 그 민족과 칼데아인의 땅을 그들의 죄악으로 인하여 벌하리니 그 땅을 영속적으로 황폐케 하리라. 주가 말하노라』**(렘 25:11,12).

■ 새롭게 깨달았거나 적용할 내용이 있다면 적어 보세요. ■

은으로 된 가슴과 양팔 : 메데 페르시아

『그의 가슴과 양 팔은 은이요... 왕 이후에 왕보다 못한 다른 왕국이 일어날 것이요』(32,39절). ※ "두 뿔"을 가진 숫양 - 『그때 내가 나의 눈을 들어 보았더니, 보라, 두 뿔을 가진 숫양 한 마리가 강 앞에 서 있는데 그 두 뿔은 길며 하나가 다른 것보다 더 길고 그 긴 것이 나중에 나왔더라... 네가 본 두 뿔을 가진 그 숫양은 메디아와 페르시아의 왕들이요』(단 8:3,20).

1. 세계를 제패한 기간

➡ B.C. 536년부터 B.C. 330년까지(206년 동안 제패함)

2. 왕국의 정치 형태 : 약화된 "절대 왕정"

➡ 일종의 "군사 독재 체제"이자 세습 귀족들(고관들)에게 의지하는 "군주국"으로서 왕의 절대 권력이 바벨론 때보다는 약화되었다.

■ 성경에 나오는 페르시아 왕들의 계보 ■	
다리오	사자 굴에 갇힌 다니엘(단 6장)
코레스 (사 44:28; 45:1)	제1차 유대인 포로 귀환 (약 5만 명, 스 1:1-4, 대하 36:22,23) 스룹바벨과 여호수아의 인도하에서 "성전 재건"

아하수에로	성전 재건 중단(스 4:4-6)
아닥세르세스	성전 재건 중단(스 4:7-24)
다리오	선지자 학개와 스가랴의 활동 속에서 성전 재건 재개 및 완공(스 6:1-15)
아하수에로	"에스더서"에 등장하는 왕
아닥세르세스	제2차 귀환(약 1,700명, 레위인 중심) 에스라(스 7장) - "율법을 가르침"
	제3차 귀환(느헤미야 혼자 귀환함) 느헤미야(느 2장) - "성벽 재건"

페르시아 제국
(B.C. 536-330)

3. 페르시아 제국의 존재 의미

➡ "유대인들을 그들의 본토로 귀환시키는 하나님의 도구"

페르시아의 전성기이자 그 영토가 최대로 컸을 시기는 "**다리오 왕**" 때(B.C. 521-485)인데, 세속 역사에서는 "**다리우스 대왕**"(다리오 1세)으로 알려져 있다. 당시의 영토가 인도에서 그리스까지, 카스피해에서 홍해와 아라비아 바다까지 이르는 거대한 제국을 형성했다. 그는 영토를 넓혔을 뿐만 아니라 광활한 영토를 능숙하게 다스렸던 행정가로도 유명하다. 특히 각 지방을 효과적으로 다스리기 위해 길을 닦기도 했는데, 이 길을 "**페르시아 왕의 길**"이라고 부른다. 그런데 다리오 1세는 페르시아의 영광의 극치를 보여 주기도 했지만, 동시에 페르시아의 쇠락의 길을 연 장본인이기도 했다. 왜냐하면 그리스 본토를 향해 전쟁을 일으켰다가 실패로 끝났기 때문이다. 이 전쟁은 세속 역사에서 "**페르시아 전쟁**"으로 불리는데, 침공 때마다 페르시아는 그리스 연합군에 패하고 말았다. 다리오 1세는 B.C. 490년에 마라톤 전쟁에서 패했고, 그의 아들 크세르크세스 1세는 B.C. 480년에 살라미스 해전과 뒤이어 벌어진 두 차례의 육상 전투에서 패배하고 말았다. 그러면서 페르시아는 국력이 서서히 기울기 시작했다.

■ 새롭게 깨달았거나 적용할 내용이 있다면 적어 보세요. ■

놋으로 된 배와 넓적다리 : 그리스(알렉산더)

『그의 배와 넓적다리는 놋이요... 또 다른 셋째 왕국이 놋으로 일어나 온 세상을 다스리게 되리이다』(32,39절). ※ 거친 숫염소 - 『내가 숙고하고 있는데, 보라, 숫염소가 온 지면의 서쪽에서부터 왔는데 땅에는 닿지 않았고 그 염소는 양 눈 사이에 두드러진 뿔이 있더라... 그 거친 숫염소는 그리스의 왕이며 그의 양 눈 사이에 있는 큰 뿔은 그 첫째 왕이라』(단 8:5,21).

1. 세계를 제패한 기간

➡ B.C. 330년부터 B.C. 100년까지(230년 동안 제패함)

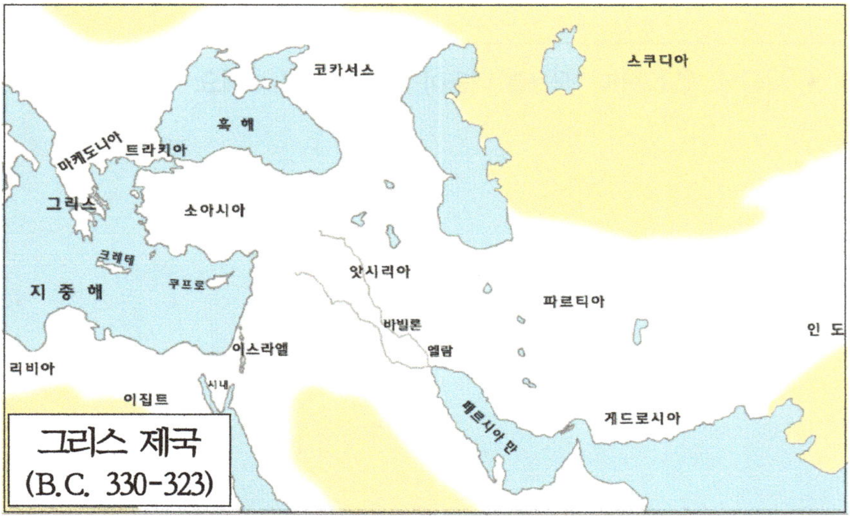

2. 왕국의 정치 형태 : "군주제"

➡ 군부 귀족들의 지원을 받는 "**군사적 군주국**"으로서 왕의 권력이 이전만 못 했다.

3. 숫염소의 양 눈 사이에 있는 "큰 뿔"인 "알렉산더 대왕"

1) 마케도니아 출신(마케도니아 왕)으로 그리스, 페르시아, 인도까지 정복함으로써 거대한 "**헬라 제국**"을 형성했고, 그리스 문화와 동방의 오리엔트 문화를 융합시켜 "**헬레니즘 문화**"를 이룩했다.

2) B.C. 333년 11월, 소아시아의 "**이수스**"에서 3만의 군대로 페르시아 왕 "**다리오 3세**"의 수십만 대군을 쳐부수고 페르시아를 멸망시켰다.

3) 남쪽으로는 이스라엘 땅과 이집트를 정벌했고, 동쪽으로는 인도 서쪽에 있는 인더스강까지 정복했는데, 군사들 사이에 열병이 퍼지고 장마가 계속되는 바람에 B.C. 324년에 회군했다.

4) B.C. 323년 바빌론으로 돌아와 남쪽의 아라비아 원정을 준비하던 중 33세의 젊은 나이에 갑자기 죽었다. 『**그러므로 그 숫염소가 매우 강대해지다가 강하게 되었을 때 그 큰 뿔이 꺾였고**』(단 8:8).

4. 알렉산더 이후 분열된 "네 왕국"

1) "**카산드로스**" - 마케도니아 본토(그리스)와 그 서쪽 지역을 차지했다.

2) "**<u>리시마쿠스</u>**" - 소아시아와 트라키아와 그 북쪽 지역을 차지했다.

3) "**<u>셀레우쿠스</u>**" - 시리아와 그 동쪽 지역을 차지했다.

4) "**<u>프톨레미</u>**" - 팔레스타인 지역과 이집트를 차지했다.

『그러므로 그 숫염소가 매우 강대해지다가 강하게 되었을 때 그 큰 뿔이 꺾였고, 그 자리에 두드러진 뿔 넷이 하늘의 네 바람을 향하여 나왔음이라... 이제 그 뿔이 꺾이고 그 대신 그 자리에 네 뿔이 났으니 네 왕국이 그 민족에서 일어날 것이나 그의 권세에는 미치지 못하리라』(단 8:8,22, cf. 단 11:3,4).

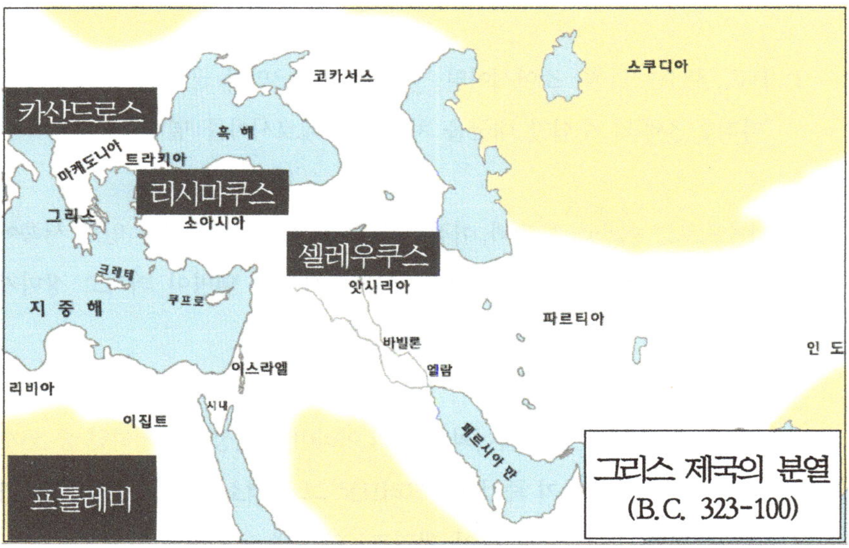

그리스 제국의 분열
(B.C. 323-100)

5. 그리스 제국의 존재 의미

➡ "<u>신약성경의 언어("코이네 헬라어")를 위해 준비된 도구</u>"

철로 된 다리 : 로마(카이사)

『그의 다리는 철이요... 넷째 왕국은 철같이 강한 왕국이 될 것이니, 철은 모든 것을 산산조각내며 이기는 것이라. 철이 모든 것을 부수는 것같이 그 왕국이 산산조각을 내고 깨뜨릴 것이니이다』(33,40절).

1. 세계를 제패한 기간

1) B.C. 100년부터 A.D. 200년까지(300년 동안 제패함)

2) 로마 제국의 전성기는 A.D. 200년까지[“**팍스 로마나**”(Pax Romana) - B.C. 27년부터 A.D. 180년까지]이며, A.D. 395년에 동로마와 서로마로 분열된 이후, 서로마는 A.D. 476년에, 동로마는 A.D. 1453년에 멸망했다.

■ 신약성경 시대의 로마 황제들의 계보 ■	
아우구스토	예수 그리스도의 탄생 당시 조세등록에 관한 칙령을 내림(눅 2:1)
티베리우스	예수 그리스도께서 십자가에 돌아가셨을 당시의 황제(눅 3:1)
가이우스	사도행전 초기 시대의 황제
클라우디스	온 세상에 큰 흉년이 있었고(행 11:28), 유대인들을 로마에서 추방함(행 18:2)
네로	폭군으로서 그리스도인들을 심하게 박해함 (cf. 딤전 2:1,2, 벧전 2:13)

네로 이후로 갈바, 오토, 비텔리우스, 베스파시안 등의 황제들이 등장함	
티투스	A.D. 70년에 예루살렘을 파괴한 장본인으로 A.D. 71년에 황제가 됨
도미티안	성경의 마지막 책인 요한계시록이 기록됨

2. 왕국의 정치 형태 : "공화제"

➡ "**철권통치**"(Iron Rule)를 했지만, 왕의 권력이 이전 왕국만큼 강력하지 못했다. "**공화정 군주국가**"로서 로마의 왕(카이사, Caesar)은 명목상 백성이 선출했고, 그들은 단지 국가 최고 행정관이나 장군으로 불렸으며, 오랫동안 그들은 왕관을 쓰지 못하고 훌륭한 지휘관임을 나타내는 월계관을 썼을 뿐이다.

3. 로마 제국의 존재 의미

➠ "<u>신약성경의 기록과 복음 전파를 위해 준비된 도구</u>"

알렉산더 대왕이 공용어로 만든 헬라어로 신약성경이 기록되었고, 로마가 닦아 놓은 길을 따라 사도 바울 및 복음 전파자들이 하나의 제국 안에서 복음을 효과적으로 전파할 수 있었다.

〈세계 역사를 주관하시는 하나님〉

이방 왕국	예표	역사적인 의의
앗시리아	"적그리스도"와 "적그리스도의 왕국"을 예표	북왕국 이스라엘을 심판하기 위한 도구
바벨론		남왕국 유다를 심판하기 위한 도구
페르시아		유다를 본토로 귀환시키기 위한 도구
그리스		신약성경의 언어를 준비하기 위한 도구
로마		신약성경의 기록과 효과적인 복음 전파를 위해 길을 마련하기 위한 도구

<u>위의 표는 역사의 주관자가 "인간들"이 아니라 "하나님"이심을 보여 준다</u>. 그리고 로마 제국 이후로 현대에 이르기까지(정확하게는 교회 시대 기간) 영국, 스페인, 프랑스, 러시아, 미국 등 강대국들이 등장하기는 하지만, 그 나라들이 다니엘 2장의 "<u>느부갓네살의 형상</u>"에서는 "<u>생략</u>"되어 있다. 왜냐하면 구약에서는 교회 시대의 경륜이 감추어져 있었고, 현시대에는 이스라엘이 나라를 잃고 세상이라는 밭에 숨겨져 버렸기 때문이다(마 13:44). <u>따라서 이스라엘과 직접 연관될 수 없는 상황에서의 이방 국가들은 예</u>

언 가운데 직접 등장할 필요가 없는 것이다. 이제 선지자 다니엘은 약 2천 년간의 교회 시대를 훌쩍 뛰어넘어 일부는 철이고 일부는 진흙인 발과 발가락으로 계시된 마지막 이방 왕국을 보여 주는데(단 2:33,41-43), 이것은 미래의 재림 직전에 세워질 "적그리스도의 왕국"이다.

■ 새롭게 깨달았거나 적용할 내용이 있다면 적어 보세요. ■

철과 진흙이 섞인 발과 발가락 : 적그리스도의 왕국

『그의 발의 일부는 철이며, 일부는 진흙이었나이다... 그 일부는 토기장이의 진흙이며 일부는 철인 발과 발가락을 왕께서 보셨으니 그 왕국이 나뉘어질 것이며, 왕께서 철과 차진 진흙이 섞인 것을 보셨으니 그 왕국에는 철의 강함이 있을 것이니이다. 또한 그 발가락의 일부는 철이요 일부는 진흙이므로 그 왕국이 부분적으로 튼튼하고 부분적으로 부서질 것이니이다. 왕께서 철과 차진 진흙이 섞인 것을 보셨으니 그들은 사람들의 씨와 섞일 것이나 그들이 서로 합하지 못하는 것이 철이 진흙과 섞이지 못함과 같으리이다』(33,41-43절).

1. 세계를 제패하게 될 기간

➠ 교회의 휴거부터 재림까지 약 7년 동안 제패하게 된다. 『**그가 많은 사람들과 더불어 한 주**[7년] **동안 언약을 확정하고, 그 주의 중간**[3년 반이 지난 시점]**에 그가 희생제와 예물을 금지시킬 것이요, 그는 가증함을 확산시킴으로 황폐케 하리니 진멸할 때까지 할 것이며, 정해진 것이 황폐케 한 자**[적그리스도]**에게 쏟아지리라**[재림]』(단 9:27).

2. 왕국의 정치 형태 : "사회주의 민주공화국"

1) 인류 역사의 마지막에 세계를 제패할 이방 왕국은 "국민의, 국민에 의한, 국민을 위한 정부"를 운운하는 진흙탕 잡동사니 국가 체제로서, 이런저런 부류의 사람들이 온통 뒤섞여 있는 혼란스러운 사회 체제가 될 것이

다(피터 럭크만).

2) "**철**"이 섞여 있기에, "**로마카톨릭**"을 포함한 "**로마 제국**"의 요소를 지니게 된다.

➡ 공산주의는 로마카톨릭과 교묘하게 연결되어 있는데, 이로 인해 마지막 왕국의 정부 형태는 로마카톨릭에서 통제하는 정치 형태가 될 것이다(계 17:3).

3) "**열 개**"(열 왕국 또는 열 왕)의 세계 연합 세력과 연관을 맺고 있다.

➡ "**열 발가락**"(41,42절), "**열 뿔**"(단 7:7, 계 17:11,12)

이 존재들이 지구상의 열 왕국을 맡게 될 터인데, 이 "열" 나라로 된 연합 세력이 반드시 한 군데서 머리를 쳐드는 게 아니라, 다섯 나라는 유럽에서, 나머지 다섯 나라는 미국과 중남미 및 남미 지역의 나라들로 구성된 아메리카 대륙에서 형성될 수도 있고, 아니면 다섯 나라는 러시아, 터키, 이라크, 이란, 이집트, 다른 다섯 나라는 스페인, 이탈리아, 프랑스, 독일, 영국일 가능성이 크다. 열 왕국이 "두 발"에 해당한다는 점에서 이런 해석이 가능하다(피터 럭크만).

4) "**철**"로 대표되는 외계에서 온 초자연적인 존재들과 "**진흙**"으로 대표되는 사람들의 씨가 섞일 것이다(43절, 창 6:4).

■ 새롭게 깨달았거나 적용할 내용이 있다면 적어 보세요. ■

손으로 다듬지 않은 돌 : 영원히 멸망하지 않는 왕국

『왕께서 보셨는데, 손으로 다듬지 아니한 돌이 철과 진흙으로 된 그 형상의 발을 쳐서 산산이 부수니, 그 철과 진흙과 놋과 은과 금이 함께 산산이 부서져서 여름 타작마당의 쭉정이같이 되어 바람에 날려 사라져 간 곳이 없어졌으며, 그 형상을 친 돌은 태산을 이루어서 온 세상을 가득 채웠나이다... 이들 왕들의 때에 하늘의 하나님께서 결코 멸망하지 않는 한 왕국을 세우시리니, 그 왕국은 다른 백성에게 넘겨지지 않을 것이요, 도리어 그 왕국이 이 모든 왕국들을 쳐부수고 멸하여 영원히 설 것이니이다. 왕께서 사람의 손을 대지 않고 산에서 떨어져 나간 돌과, 그 돌이 철과 놋과 진흙과 은과 금을 산산조각을 내는 것을 보신 것은 위대하신 하나님께서 이후에 있을 일을 왕께 알게 하신 것이니, 그 꿈은 분명하고 그 해석은 확실하나이다』(34,35,44,45절).

1. 세계를 제패하게 될 기간

➠ 재림부터 시작해서 영원무궁토록 제패하게 된다.

2. 왕국의 정치 형태 : 강력한 "철권통치"(시 2:9, 계 2:27; 12:5; 19:15)

1) 사람의 손을 대지 않고 산에서 떨어져 나간 "돌"은 "예수 그리스도"이시다(마 21:42-44, 벧전 2:4-8).

2) 형상의 발을 쳐서 산산이 부수는(35절) 돌은 심판을 의미하고 은혜를 말

하는 것이 아니기 때문에, 은혜의 복음 전파를 통한 "영적 왕국"(혹은 기독교)의 확산이 아니라, 물리적인 지상 왕국, 곧 <u>예수 그리스도의 왕국이 수립되는 것을 의미한다</u>.

3) 절대로 멸망하지 않는 "**영원한 왕국**"이다(삼하 7:16).

다니엘이 경배를 받음

➠ 느부캇넷살은 자신의 왕국이 멸망한다는 사실 앞에서, 화를 내지 않고 오히려 하나님의 위대하심과 그분의 말씀에 감복하여 엎드린다. **그런데 그는 하나님께 경배하는 것이 아니라 다니엘에게 경배했고, 다니엘은 그 경배를 받는다**(46절). 아무리 위대한 사람이라도 흠이 있는 법이다. 그래서 성경은 "**모든 사람이 죄인**"이라고 말씀하는 것이다(롬 3:23).

<u>비록 "선지자"가 아니더라도 성경대로 믿는 그리스도인이라면, 미래를 내다보는 통찰력과 세계 역사에 대한 안목을 가질 수 있다</u>. 왜냐하면 무오한 역사책인 성경이 있기 때문이다. 성경은 아직 일어나지 않은 미래의 역사를 마치 이미 일어났던 과거의 역사처럼 기술하고 있을 뿐만 아니라 그 기술들이 지금까지 어느 것 한 가지도 틀린 적이 없으므로, 성

경은 "미리 기록된 역사책"이라고 말할 수 있다. 성경의 기록자들은 앞으로 일어날 세계 역사를 미리 알고 예언했을 뿐만 아니라, 앞으로 하나님의 "의"가 실현될 것도 미리 알고 그것을 예언했다. 이런 점에서 우리가 구원받고 그리스도인이 되어서 성경을 읽고 공부하고 깨달을 수 있게 되었다는 것 자체가 얼마나 엄청난 복인가를 알게 된다.

■ 새롭게 깨달았거나 적용할 내용이 있다면 적어 보세요. ■

제2과
복습문제

1. (   )란 예루살렘이 이방인들에게 짓밟히는 기간을 말한다.

2. 다니엘은 때마침 느부캇넷살 왕이 자신이 망각해 버린 꿈의 내용과 해석을 요구하는 그 자리에 없었는데(단 2:14,15), 이는 하나님께서 바빌론의 현자들에 의해 제공된 모든 이방인의 지식 체계가 거짓된 주장이었으며 그들이 무능한 자들이라는 사실을 드러내시기 위함이었다. (O , X)

3. 다니엘은 느부캇넷살이 잊어버렸던 꿈과 해석을 밤의 환상을 통해 알았을 때, 이를 알리기 위하여 곧바로 서둘러서 왕에게로 달려갔다. (O , X)

4. 모든 해석, 특히 성경의 해석에 관한 한 그 모든 해석은 (   )께 속해 있다.

5. 성경에서 "훗날들"(latter days)은 교회 시대를 의미한다. (O , X)

6. "열 개"의 발가락은 대환란 때 적그리스도 아래에서 통치할 "열 명"의 왕들이며, 다니엘 7:7에서는 "열 뿔"로 나타난다. (O , X)

7. 영원히 멸망하지 않는 돌 왕국은 "복음을 통한 기독교계의 확산"을 의미한다. (O , X)

8. 꿈에 대한 해석을 들은 느부캇넷살 왕이 다니엘에게 경배했을 때, 다니엘은 그 경배를 거부하고 간증을 유지했다. (O , X)

9. 『이들 왕들의 때에 하늘의 하나님께서 결코 멸망하지 않는 한 (   )을 세우시리니, 그 (   )은 다른 백성에게 넘겨지지 않을 것이요, 도리어 그 (   )이 이 모든 왕국들을 쳐부수고 멸하여 영원히 설 것이니이다』(단 2:44).

10. 다음 빈칸을 모두 채우시오.

<table>
<tr><th>형상</th><th>부위</th><th>비중</th><th>왕국</th><th>왕</th><th>연대</th><th>정치 형태</th></tr>
<tr><td>금</td><td>머리
(32절)</td><td>19.3</td><td></td><td>느부캇넷살</td><td>B.C.
606</td><td>강력한
절대 왕정</td></tr>
<tr><td></td><td>가슴
양팔
(32절)</td><td>10.8</td><td>메데
페르시아
(39절)</td><td></td><td>B.C.
536</td><td>약화된
절대 왕정</td></tr>
<tr><td>놋</td><td>배
넓적다리
(32절)</td><td>8.0</td><td></td><td>알렉산더</td><td>B.C.
330</td><td>군주제</td></tr>
<tr><td>철</td><td>다리
(33절)</td><td>5.0</td><td>로마
(40절)</td><td></td><td>B.C.
100</td><td>공화제</td></tr>
<tr><td colspan="7">다니엘에게 계시되지 않은 감추어진 교회 시대
(A.D. 70년 이후로 유대인들은 민족들 사이로 흩어짐)</td></tr>
<tr><td></td><td>발
발가락
(33절)</td><td>1.9</td><td></td><td>적그리스도</td><td>휴거
이후
(대환란)</td><td>사회주의
민주공화국</td></tr>
</table>

■ 복습 문제의 정답은 홈페이지(www.solomonbtc.org)에서 확인할 수 있습니다.

NOTES

NOTES

NOTES

제3과
적그리스도의 예표인 느부캇넷살(3장)

『만일 그렇게 된다 해도 우리가 섬기는 우리의 하나님께서는 불타는 뜨거운 용광로에서 우리를 구해 내실 수 있으며, 오 왕이여, 그분께서는 우리를 왕의 손에서 구해 내실 것이니이다』(단 3:17).

금으로 형상을 만들어 경배를 요구하는 느부캇넷살

『느부캇넷살왕이 금으로 형상을 만들었으니, 그 높이는 육십 큐빗이요, 너비는 여섯 큐빗이라. 그가 그것을 바빌론 지방에 있는 두라 평원에 세웠더라』(단 3:1).

1. 느부캇넷살이 만든 형상과 관련된 내용은 그가 "적그리스도의 예표" 임을 보여 준다.

1) 성경에서는 그 형상의 치수를 높이 60큐빗과 너비 6큐빗만을 제시하는데, 이는 그 형상이 "원통형"이기 때문이다.

2) 느부캇넷살의 형상은 오벨리스크와 같은 "기둥" 구조물로서, 오늘날로 치면 마천루나 광장의 둥근 기둥에 해당한다. 우리는 이러한 기둥을 바티칸 광장에서도 찾아볼 수 있다.

3) 형상이 원통형이라면, 그 형상은 어느 방향으로 보든지 "너비 × 폭"이 "6 × 6"이 된다.

➡ 따라서 형상의 치수는 "높이 × 너비 × 폭"이 "60 × 6 × 6큐빗"이 되는데, 이는 적그리스도의 숫자인 "666"을 연상시킨다(계 13:18).

4) 낙성식에 사용된 악기들 가운데 이름이 제시된 "악기"는 "6개"였다(뿔나

팔, 피리, 하프, 사베카, 솔터리, 덜시머, 5절). 형상을 "**세웠다**"(set up)는 표현도 "**여섯 번**" 반복된다(1절, 2절, 3절 두 번, 5절, 7절). 형상의 재료인 "금"은 적그리스도의 예표인 솔로몬에게 들어온 금 "666달란트"를 연상시킨다.

> 역대기하 9:13 - 『일 년 동안 솔로몬에게 들어온 금의 무게가 금 육백육십육 달란트인데』, 참고로 "13"은 "반역의 수"이다(창 13:13; 14:4).

7) **느부갓넷살은 적그리스도처럼(계 13:18) 사람이면서 동시에 짐승으로도 불린다.**

> ■ 예레미야 51:34 - 『바빌론 왕 느부갓넷살이 나를 삼켰으며 나를 짓밟았으며 나를 빈 그릇이 되게 하였으며 그가 용처럼 나를 삼켰으며 그가 나의 맛있는 것들로 그의 배를 채우고 나를 쫓아내었느니라.』
>
> ■ 다니엘 4:33 - 『그 시간에 그 일이 느부갓넷살에게 이루어졌으니, 그가 사람들에게서 쫓겨나서 소처럼 풀을 먹고 그의 몸이 하늘의 이슬로 젖었으며 그의 머리털은 독수리의 깃털같이 자랐고 그의 손톱은 새들의 발톱과 같이 되었느니라.』

2. 느부갓넷살이 형상을 세워 그 형상에 경배하라고 한 것은(5,7절), 대환란 기간에 거짓 선지자가 짐승(적그리스도)의 형상을 세워서 그 앞에 경배하라고 하는 것의 예표가 된다(계 13:14,15).

➡ **바빌론에서 거대한 종교 통합적인 경배가 강요된 것처럼(3-7절), 대환란**

때도 종교 통합적인 경배가 강요될 것이다. 바빌론 제국 내 모든 백성, 민족, 언어들이(4절) "**바빌론 종교**" 아래 통합되어 경배를 드렸고, 이 경배를 거부하면 죽음을 피할 수 없었다(6절). 대환란 때는 신비의 바빌론이라고 불리는 로마카톨릭의 지배 아래 온 세상이 종교적으로 통합되어 짐승에게 경배를 드릴 것이고, 이 경배를 거부하면 역시 죽게 될 것이다(계 13:15; 11:9; 20:4).

3. 형상에 경배하지 않은 "유대인들"(사드락, 메삭, 아벳느고)이 박해를 당했던 것처럼(8-12절), 대환란 기간에도 짐승의 형상 숭배를 거부한 유대인들은 박해를 받게 될 것이다(계 12:10-16).

1) 대환란 때 유대인들은 마귀의 박해를 피해 광야로 도망쳐서 초자연적인 부양을 받게 될 것이다(계 12:5,6). 대환란 기간에는 짐승 숭배를 거부한 유대인들에게 극심한 박해가 따를 것이고 많은 유대인이 죽게 되겠지만, 그 타협하지 않은 유대인들 가운데 일부가 광야로 "**날아가서**" 피신할 것이다.

■ 요한계시록 12:6 -『그 여인은 광야로 도망하였는데 그곳에는 그들이 그녀를 일천이백육십 일 동안 부양하도록 하나님께서 그녀를 위하여 마련해 놓으신 곳이 있더라.』

■ 요한계시록 12:13,14 -『그 용이 자기가 땅으로 쫓겨난 것을 알고서 사내 아이를 출산한 그 여인을 박해하더라. 그때 그 여인이 큰 독수리의 두 날개를 받았는데, 이는 그녀가 광야에 있는 자기 처소로 날아가서 그곳에서 그 뱀의 낯을 피하여 한 때와 두 때와 반 때를 부양받으려 함이더라.』

2) 과거 이집트 땅에서 나왔을 때는 독수리의 날개를 타고 광야로 갔다고 비유로 말씀하셨지만(신 32:11), 대환란 때에는 "**독수리의 날개**"(비행기의 날개)를 받아서 실제로 날아가게 될 것이다.

➠ 이것은 그들이 비행기를 타고 피난하는 것을 의미하는데, 마태복음 24:20에서 그들의 피난(flight)하는 일이 안식일에 일어나지 않도록 기도하라고 하신 것은 이스라엘에서는 안식일에 비행기(flight)가 뜨지 않기 때문이다.

3) 유대인 남은 자들이 에돔 지역의 "**셀라**"라고도 불리는 "**페트라**"로 피신을 하면 그곳에서 1,260일(42개월, 후 3년 반, "**한 때와 두 때와 반 때**") 동안 초자연적으로 부양받게 된다. 그들은 출애굽 때처럼 만나로 부양받게 될 것이다.

『주의 백성을 주의 지팡이로 먹이소서. 갈멜의 한가운데 삼림 속에서 외로이 거하는 주의 유업의 양떼를 먹이소서. 옛날처럼 바산과 길르앗에서 그들을 먹이소서. 이집트 땅에서 네가 나오던 날들과 같이 내가 그에게 놀라운 일들을 보여 주리라』(미 7:14,15).

■ 새롭게 깨달았거나 적용할 내용이 있다면 적어 보세요. ■

세 유대인의 위대한 믿음의 고백

1. 형상을 세운 느부갓넷살은 제국의 모든 사람들에게 형상 숭배를 강요했다(14,15절).

1) **세상은 성도들에게 "거짓 신들"을 섬길 것을 지속해서 요구한다.**

➠ "**평화와 사랑**"을 섬길 것을 요구하고 "**사회 안전**"을 섬기라고 요구하고 "**번영**"을 존중하며, "**돈, 음행, 명예**"를 숭배하고 "**사회주의**" 이념을 신봉하라고 강요한다. 이런 세상의 "**신들**"을 거부하고 배척하면, 이 세상에 "**적합하지 않은 자들**"로 몰려서 세상 사람들로부터는 제거되어야 할 "**불순분자**"로 낙인찍히게 될 것이다.

2) 느부갓넷살은 형상에 경배하면 "**좋거니와**" 그렇지 않으면 죽음이라고 하면서 "**선택**"을 요구했다. 마귀는 옳고 그름을 판단하라고 요구하지 않고, 이득과 손해 사이에서 판단하고 선택하라고 요구한다. **성령 하나님께서는 옳고 그름 사이를 판단하라고 하시는 반면, 세상은 무엇이 더 육신에 이익이 되는지를 판단하라고 요구하는 것이다**(cf. 히 11:24-26).

3) "**내 손에서 너희를 구해 낼 신이 누구겠느냐?**"라는 질문은 성도가 어떤 시련에 처했을 때 자신의 믿음을 최종적으로 시험해 볼 수 있는 시금석이 된다.

➠ **『사람들이 계속해서 나에게 하는 말이 "네 하나님이 어디 있느냐?" 하니, 내 눈물이 밤낮으로 내 음식이 되었나이다... 칼로 내 뼈를 찌름같이 내 원수들이 나를 비방하며 그들이 날마다 내게 말하기를 "네 하나님이 어디 있느냐?" 하는도다』**(시 42:3,10). 이에 대한 답변은 이것뿐

이다! 『오 내 혼아, 어찌하여 네가 낙담하느냐? 어찌하여 네가 내 안에서 불안해 하느냐? 너는 하나님을 바라라. 내 얼굴을 강건케 하시는 분이요, 나의 하나님이신 그분을 내가 여전히 찬양하리라』(시 42:11).

2. 다니엘의 세 친구는 타협하지 않는 위대한 믿음을 보였다!

1) 그들은 지극히 겸손하고, 침착하고 조용하고 냉정하면서도, 당당하고 은은하고 우아하고, 또 그러면서도 두려움 없는 태도와 권위가 넘치는 목소리로 답변했다(16절).

2) "**내 손에서 너희를 구해 낼 신이 누구겠느냐?**"라는 왕의 질문에 대한 답변으로 "우리가 섬기는 우리의 하나님이 우리를 구해내 주실 것이다!"라고 분명하게 답변했다(17절).

3) **그들은 설령 하나님께서 구해 주시지 않을지라도 믿음을 부인하지 않을 것이라고 고백했다**(18절).

➡ 하나님의 뜻이 그러하다면 악을 행하다가 고난을 당하느니 선을 행하다가 당하겠노라고 담대하게 고백한 것이다(벧전 3:17).

■ 새롭게 깨달았거나 적용할 내용이 있다면 적어 보세요. ■

시련 가운데 동행하시는 하나님의 아들

1. 느부갓네살은 사드락과 메삭과 아벳느고를 용광로에 던져 넣으라고 명령했다(19-23절).

1) 느부갓네살은 용광로의 불을 평상시보다 일곱 배나 더 뜨겁게 하고(19절), 힘센 사람들에게 명령하여 그들을 "**묶어서**" 용광로 속으로 던져 넣으라고 지시했다(20절).

2) 묶으라고 한 것은, 혹시라도 그들이 불 가운데 들어갈 때 강하게 저항할까 싶어서 내린 조치였지만, 이것은 전혀 무의미한 명령이었다. 왜냐하면 "**의를 위하여 고난받는 자들**"은 항상 그 자세가 의연하기 때문이다(cf. 히 11:35). 말하자면 세상은 성도들의 진정한 믿음을 결코 이해하지 못하는 것이다.

2. 느부갓네살은 하나님의 분명한 구원의 역사를 보게 되었다(24-30절).

1) 세 친구는 그들의 간증대로 전혀 다치지도 않았고, 특별한 섭리에 의해 보호받고 있었다. "**하나님의 아들**"께서 친히 불 가운데서 그들과 함께 그 고난에 동참하고 계셨기 때문이다!(25절)

2) 고난 중에 처해 있어도 하나님을 신뢰하는 성도들은 주님과 동행한다는 "**더욱 뚜렷한 증거**"를 갖게 된다. **주님께서는 평상시에도 항상 함께 계셨지만, 때로는 우리가 불 가운데로 들어가고 나서야 비로소 그분이 동**

행하신다는 증거가 "더욱 뚜렷하게" 나타나는 일도 있다. 성도들은 고난 속에서 하나님의 임재를 더욱 깊이 느끼게 되는 것이다.

3. 불이 세 유대인의 몸에 전혀 힘을 쓰지 못했고, 불탄 냄새조차 없었다는 점은(27절) 예표적으로 두 가지 적용이 가능하다.

1) "교리적 적용" - 대환란 기간에 보호를 받는 유대인 환란 성도들을 예표한다(계 7:1-8).

2) "영적 적용" - 불같은 시련 속에서도(벧전 4:12) 보호를 받는 그리스도인들을 예표한다.

➡ 주님을 신뢰하는 성도들은 시련이 끝난 이후에도 그가 가지고 있던 믿음이 조금도 손상당하지 않은 채로 보존되어 있어야 한다.

4. 느부캇넷살은 용광로 속에서 세 친구와 함께 계신 "하나님의 아들"을 보았다. 『그 넷째의 모습은 하나님의 아들과 같도다』(25절).

1) 느부캇넷살이 그분을 천사로 봤을 가능성도 있지만(단 3:28), 그렇다 하더라도 문제가 되지 않는 것은 하나님의 아들이신 예수 그리스도께서는 종종 "주의 천사"로 등장하시기 때문이다. 『**내가 속해 있고 또 내가 섬기는 하나님의 천사가 간밤에 내 곁에 서서**』(행 27:23).

2) 바울은 갈라디아서 4:14에서 "**하나님의 천사**"를 "**예수 그리스도**"라고 정의 내리고 있다. 바로 이분이 그가 섬기던 "**하나님의 천사**"였던 것이다.

➡ 느부캇넷살이 보았던 분 역시 바로 이분이었다. 설령 느부캇넷살이

천사를 보았다 해도 그 천사는 하나님의 아들이셨는데, 느부갓넷살은 바로 이 점을 분명히 고백했던 것이다.

5. 하나님의 위대한 능력을 목도한 느부갓넷살은 하나님께 거슬러 말하지 말라는 칙령을 내리고(28,29절), 다니엘의 세 친구를 바벨론 지방에서 높여 주었다(30절).

그런데 이 와중에 다니엘은 어디에 있었을까? 3장에서는 다니엘이 전혀 등장하지 않는다. 최고 치리자의 위치에 오른 다니엘이(단 2:48) 이 모든 일을 몰랐다고 보기는 어렵다. 우리가 주목해야 할 한 가지 사실은 그가 2장에서 왕의 경배를 받았다는 점이다(단 2:46). 이것은 분명히 잘못된 것이었고, 그의 간증을 잃는 행동이었다. 만일 다니엘이 세 친구와 함께 있었다면, 그는 그 친구들처럼 "금으로 만든 형상에 경배하지 않을 것"이라고 담대히 말하지 못했을 것이다. 왜냐하면 그 스스로가 이방인 왕으로 하여금 자기에게 무릎 꿇고 경배하는 것을 허락했기 때문이다. 어쨌든 성경은 이 일이 진행되는 동안 다니엘에 대해서는 침묵하고 있다!

■ 새롭게 깨달았거나 적용할 내용이 있다면 적어 보세요. ■

제3과
복습문제

1. 느부갓넷살이 만든 형상과 관련된 내용은 그가 (   )의 예표임을 보여 준다.

2. 느부갓넷살의 형상의 재료인 "금"은 (   )에게 들어온 금 666달란트를 연상시킨다.

3. 바빌론에서 거대한 종교 통합적인 경배가 강요된 것처럼, (   ) 기간에도 종교 통합적인 경배가 강요될 것이다.

4. 대환란 때 형상 숭배를 거부한 유대인들은 셀라 페트라로 피신하여 초자연적으로 부양받게 될 것이다. (O , X)

5. 느부갓넷살이 다니엘의 세 친구가 있는 용광로 속에서 보았던 네 번째 인물은 (   )이었다.

6. 다니엘의 세 친구의 이름을 쓰시오.

■ 복습 문제의 정답은 홈페이지(www.solomonbtc.org)에서 확인할 수 있습니다.

NOTES

제4과
느부갓넷살은 왜 짐승처럼 행동했는가?(4장)

『이제 나 느부갓넷살이 하늘의 왕을 찬양하고 칭송하고 존경하노니 그 분의 모든 일은 진리이고 그의 길들은 공의로우시니 교만하게 행하는 자들을 그분께서 능히 낮추시느니라』(단 4:37).

하나님의 표적과 이적을 찬양하는 느부갓넷살

1. 느부갓넷살의 인사말은 그의 권세가 온 땅에 미치고 있었음을 보여 준다(1절).

1) 바빌론의 느부갓넷살은 『**이방인들의 때**』(눅 21:24, 계 16:14)가 시작될 무렵에 보좌 위에 오른 이방 세계의 최초의 왕이었다. 그야말로 전 세계적인 통치권을 위임받은 인물이었다.

2) 다니엘에 따르면, 느부갓넷살의 전 세계적인 통치권은 하나님께로부터 주어진 것이었다(2:37,38).

3) 따라서 느부갓넷살이 『**온 땅에 살고 있는 모든 백성과 민족들과 언어들에게**』 말한 것은 지극히 자연스러운 일이었다. 느부갓넷살은 그렇게 말할 수 있는 권세와 능력과 영광을 하나님께로부터 부여받은 왕이었다.

4) 인간의 권세와 능력과 영광이 하나님께로부터 나온다는 사실은 예수 그리스도의 말씀에서도 확인된다(요 19:11, cf. 롬 13:1, 요 3:27, 벧전 2:13,14).

5) 하나님께서는 지상의 전면적인 통치권을 일차적으로 마귀에게 위임하셨고(눅 4:5,6), 마귀는 자신에게 위임된 세상 통치 권력을 여러 사람에게 분산시킨다.

➡ 이것이 하나님께서 지상을 통치하시는 방식이다(17절).

2. 『그분의 표적들이 얼마나 위대하며 그분의 이적들이 얼마나 능력이 있는가! 그분의 왕국은 영원한 왕국이요, 그분의 통치권은 대대에 이르리로다.』(3절)라는 말은 성경에서 발견할 수 있는 가장 위대한 선언들 가운데 하나이다.

➡ <u>느부캇넷살은 성경에서 적그리스도의 예표이지만, 100% 완벽한 모형은 아니므로 성령님께서는 느부캇넷살의 다른 면모를 보여 주신다</u>. 가령 요셉은 성경에서 예수 그리스도의 예표적 인물들 가운데서 가장 대표적인 인물이며, 무려 150여 가지의 점에서 예수 그리스도의 모형적 특성을 갖고 있었다. 하지만 그런 그도 100% 완전하게 예수 그리스도와 일치했던 것은 아니었다. 예를 들어 예수 그리스도께서는 요셉처럼 은잔을 몰래 자루에 숨겨 놓는 것과 같은 거짓말을 하신 적이 없는 것이다. 주님께서는 선의로도 거짓말을 하지 않으셨다.

3. 본문 2절과 3절에서 "표적들"이라는 단어가 두 번 언급된다.

1) <u>하나님께서는 그분의 "표적들"을 이방인인 느부캇넷살에게 보여 주셨다</u>.

➡ 표적은 유대인을 위한 것임에도(고전 1:22, 출 4:28-31) 불구하고 왜 이 이방 왕에게 보여 주셨을까? 그 이유는 느부캇넷살이 유대인인 "<u>다니엘</u>"을 다루고 있었기 때문이다.

2) 사도 바울의 사역에서도 이방인들에게 표적들이 제시되었는데, 이는 바울 자신이 유대인이었을 뿐만 아니라, 그가 표적이 행해지는 곳에 있던 유대인들을 고려하고 있었기 때문이다(<u>행 14:8-19; 19:10-12</u>; 28:1-9, 롬 15:16-20).

무서운 꿈을 꾼 느부갓네살

『나 느부갓네살은 내 집에서 쉬고 내 궁에서 번영을 누리고 있는 중에 나를 무섭게 하는 한 꿈을 보았는데, 내 침상에서의 생각과 내 머리의 환상이 나를 번민케 하였노라. 그러므로 내가 한 칙령을 내려 바빌론의 모든 현자를 내 앞에 불러다가 그들로 그 꿈의 해석을 내게 알리도록 하였더니, 그때에 마술사들과 점성가들과 칼데아인들과 점쟁이들이 왔기에 내가 그 꿈을 그들 앞에 말하였으나 그들이 내게 그 해석을 알려 주지 못하였느니라』(4-7절).

1. 이방 세계의 왕으로서 번영을 누리던 느부갓네살을 괴롭힌 것은 "꿈"이었다(4,5절, cf. 2:1).

➠ 그 꿈은 『**파수꾼들의 칙령**』(17절), 곧 『**지극히 높으신 분의 칙령**』(24절)이 계시된 것이기 때문에 하나님께로부터 주어진 것이었다.

2. 하나님께서는 꿈으로 이방 권세자들에게 계시하시기도 한다.

1) **하나님께서는 종종 꿈으로 이방 권세자들에게 계시하시곤 했는데, 창세기의 파라오가 그 한 예이다**(창 41장). 빌라도는 아내의 꿈을 통해서 자신의 죄에 대해 경고를 받기도 했다(마 27:19).

2) **모든 꿈이 하나님에게서 온 것은 아니었기에 이스라엘 내에서 그것은 검증받아야 했다**(신 13:1-5). 왜냐하면 거짓된 꿈이 하나님의 말씀을 대

적할 수도 있었기 때문이다(렘 23:28). 예레미야의 때에는 꿈꾸는 자가 거짓 선지자, 점쟁이, 마법사, 마술사 등과 한통속이었다(렘 27:9). 이 점은 스가랴의 때에도 마찬가지였다. 『**우상들은 허망한 것을 말하며, 점치는 자들은 거짓을 보고 거짓 꿈들을 말하였으니, 그들이 헛되이 위로하는도다. 그러므로 그들이 양떼처럼 그들의 길을 갔으며 목자가 없으므로 고난을 당하였도다**』(슥 10:2).

3) 느부갓네살은 2장에서처럼 『**마술사들과 점성가들과 칼데아인들과 점쟁이들**』에게 그 해석을 요구했지만, 그들은 여전히 해석해 낼 수 없었다(7절).

나무에 관한 꿈

『내 침상에서 본 내 머리의 환상은 이러하니라. 내가 보니, 땅의 한가운데에 한 나무를 보았는데 그 높이가 크더라. 그 나무가 자라서 견고하게 되고 그 높이가 하늘에 닿았는데 그 모양은 온 땅의 끝까지 이르렀고 그 잎사귀들은 아름다우며 그 열매는 많아서 만민을 위한 식량이 되었고 들의 짐승들도 그 그늘 아래 있으며 공중의 새들도 그 가지에 깃들이고 모든 생물이 그것을 먹더라』(10-12절).

1. 바빌론의 마술사, 점성가, 점쟁이들과 달리 다니엘은 "거룩한 신들의 영"이 있었다고 느부갓네살은 말한다(8절).

1) 느부갓네살은 다니엘에게 자기 신의 이름을 따라 "**벨트사살**"이라는 이름을 지어 주었다. 여기서 『**내 신**』, 곧 느부갓네살의 신은 다신교 사회의

다양한 신들 가운데 느부캇넷살이 사적으로 섬기던 신을 뜻한다.

2) **3절에서 하나님의 위대한 표적들과 영원한 왕국과 통치권을 이야기하던 느부캇넷살은 여기서 본색을 드러낸다**. 즉 느부캇넷살 자신이 다신교를 믿고 있음을 말하는 것이다. 그는 다니엘 안에 들어와 계셨던 하나님의 영, 곧 "성령님"을 다신론적 관점에서만 파악하고 있었다. 그래서 그는 다니엘 안에 계신 성령을 『**거룩한 신들의 영**』이라고 표현한 것이다.

2. 느부캇넷살은 다니엘에게 자신이 꿈에서 본 "큰 나무" 이야기를 하면서 그에 대한 해석을 요구한다(9절).

1) 느부캇넷살이 환상을 통해서 본 나무는 "**땅의 한가운데**"에 있었고, 높이가 커서 하늘에 닿았으며, 그 모양은 온 땅의 끝까지 이르렀다. 그 잎사귀들은 아름답고, 그 열매는 많아서 만민을 위한 식물이 되고, 들의 짐승들도 그 그늘에 있으며, 공중의 새들도 그 가지에 깃들고 모든 생물이 그것을 먹었다(10-12절).

2) 이 정도면 그 나무는 바다 건너 모든 나라의 온 세상 사람들이 다 볼 수 있는 거대한 나무였을 것이다. 이와 유사한 나무가 마태복음 13장에서 언급된다.

『천국은 어떤 사람이 가져다가 자기 밭에 뿌린 겨자씨 한 알과 같으니, 그것은 참으로 모든 씨 중에서 가장 작지만 자라나면 푸성귀 중에서 가장 커지고, 나무가 되면 공중의 새들이 와서 그 가지들에 깃들이느니라』(마 13:31,32).

(1) 겨자씨는 비정상적인 나쁜 씨이다. 겨자씨라면 푸성귀와 같은 나물로 자라야 정상인데, 비정상적으로 자라나 "나무"가 되었다.

(2) "겨자씨"는 기본적으로 "믿음"을 상징한다. 『**진실로 내가 너희에게 말하노니 너희에게 겨자씨 한 알만한 믿음이 있다면**』(마 17:20).

(3) "겨자씨"가 자라면 푸성귀가 되는데 그것이 비정상적으로 자라서 "나무"가 되었다면 그 겨자씨는 비정상적인 씨이다. 따라서 "겨자씨의 비유"의 겨자씨는 "비정상적인 믿음"을 나타낸다.

(4) 이 비유에서 "나무"는 공중의 새들(마귀들)이 거처를 삼는 "적그리스도의 왕국의 유형"이며, 시편에서는 적그리스도가 "푸른 월계수"로 비유된다. 『**왕**[바빌론의 느부캇넷살]**께서 보신 그 나무**[느부캇넷살이 꿈과 환상 가운데서 본, 하늘과 온 땅의 끝까지 이른 큰 나무]**가 자라서 견고하게 되고 그 높이가 하늘에 닿았는데 그 모양은 온 땅에 이르렀고 그의 잎사귀들은 아름다우며 그 열매는 많아서 만민을 위한 식량이 되며 들의 짐승들이 그 아래 거하며 공중의 새들이 그 가지들에 거처를 삼았나이다. 오 왕이여, 그것**[나무]**은 왕이시오니, 곧 왕께서 자라서 견고해지심이라. 이는 왕의 위대하심이 자라서 하늘에 닿고 왕의 통치권이 땅 끝까지 미침이니이다**[적그리스도의 왕국의 유형]』(단 4:20-22). 『**내가 큰 세력을 가진 악인을 보았더니 푸른 월계수같이 뻗어나갔으나**』(시 37:35).

(5) 겨자씨가 비정상적으로 자라기 시작해서 결국 공중의 새들이 깃드는 나무가 되었다는 것은, 이 교회 시대에 "거짓 믿음"으로 성장하여 "공중의 새들"(마귀들)이 깃들어 있는 "로마카톨릭"의 모습을 상징한다(계 18:2). 느부캇넷살이 적그리스도의 예표이듯이, 그의 왕국은 적그리스도의 왕국의 예표이다. 또한 마귀들이 깃들어 있는 "비정상적인 나무"는 적그리스도 왕국의 토대가 되는 로마카톨릭 교회이다.

그 나무를 베라는 파수꾼의 외침

『내가 내 침상에서 내 머리의 환상들을 보니, 보라, 한 파수꾼과 한 거룩한 이가 하늘에서 내려왔는데, 그가 크게 외쳐 이렇게 말하기를, 그 나무를 베고 그 가지를 자르고 그 잎사귀를 흔들어 떨며 그 열매를 흩어 짐승들로 그 아래에서 떠나게 하고 새들도 그 가지에서 떠나게 하라. 그러나 그 뿌리의 그루터기는 땅에 남겨 두어 철과 놋의 줄로 동이고 들의 부드러운 풀 속에 두어 하늘의 이슬로 젖게 하며 그의 분깃은 땅의 풀에 있는 짐승들과 함께 있게 하라. 또 그의 마음을 인간의 마음으로부터 변하게 하며 짐승의 마음을 그에게 주어서 일곱 때로 그에게 지나가게 하라』(13-16절).

1. 나무가 베어지고 가지들이 잘리고, 잎사귀들도 떨어지며, 열매도, 짐승들도, 새들도 없어지는(14절) 것은 느부캇넷살이 자기 자리에서 옮겨지고 그의 권세가 박탈될 것임을 보여 준다.

2. 『파수꾼』(watcher)이 어떤 존재인지는 성경에서 설명되지 않는다. 다만 "천사," "천사장," "그룹," "스랍" 등과 같이 셋째 하늘의 영적 존재인 것 같다.

3. 16절에 언급되는 『일곱 때』는 느부캇넷살 개인에게는 그가 낮춰지는 7년의 기간을 의미하지만, 예언적으로 보면 "대환란 7년"의 기간을 의미한다.

➡ 성경에서 "**한 때**"는 1년을 뜻한다(계 12:14). **느부캇넷살이 "짐승"이 되어 "7년"을 보낸다는 것은, 예언적으로 7년 대환란 때 등장할 『짐승』(계 11:7; 13:1), 곧 적그리스도의 모습을 보여 준다**.

> 『이 일은 파수꾼들의 칙령에 의한 것이요 거룩한 자들의 말에 의한 요구니, 이는 사람들로 하여금 지극히 높으신 분이 인간들의 왕국을 다스리시며 그분께서 원하는 자에게 그것을 주시고 또 인간의 가장 천한 자로 그 위에 세우시는 줄을 알게 하시려는 의도니라 하였느니라. 나 느부캇넷살왕이 이 꿈을 보았느니라. 이제 오 너 벨트사살아, 그 해석을 공포하라. 내 왕국의 모든 현자가 그 해석을 내게 알려 줄 수 없었으나 너는 할 수 있으리니, 이는 거룩한 신들의 영이 네 안에 있음이라.' 하였느니라』(17,18절).

4. 17절은 『지극히 높으신 분』께서 『인간들의 왕국』을 다스리신다고 말씀하고 있기 때문에, 이방인들의 지상 정부가 어떻게 허용되고 있는가를 보여 준다.

1) 사탄은 『**이 세상의 신**』(고후 4:4)이요, 『**이 세상의 통치자**』(요 14:30)로서 자기가 원하는 사람에게 지상에서의 "권세"와 "영광"을 줄 수 있지만(눅 4:5,6), 그 일은 오직 하나님의 "허락하심"과 "지시하심"에 의해서만 행해질 수 있다.

2) **느부캇넷살은 대제국인 바빌론의 통치자였지만, 그가 그렇게 된 것은 바로 그가 하나님께서 『원하는 자』였기 때문이다(17절). 느부캇넷살이 위**

대한 인물이어서가 아니라, 다만 하나님에 의해 통치자로 세워졌을 뿐이었다. 예수님께서 빌라도에게 하셨던 말씀, 곧『**위에서 네게 주신 것이 아니라면 너는 나를 대적할 아무런 권세도 갖지 못하였을 것이니라.**』(요 19:11)라는 말씀에서도 이 점을 읽을 수 있다. 느부캇넷살이나 빌라도나 그들은 얼마든지『**인간의 가장 천한 자**』(17절)로 분류될 수도 있었던 것이다(일례로 히틀러, 무솔리니, 스탈린, 마오쩌둥, 루스벨트, 케네디, 만델라, 트럼프, 교황들 등).

3) 그러나 느부캇넷살은 그렇게 생각하지 않았었다. 자신의 통치권을 자신의 힘으로 획득했다고 생각했기 때문에, 하나님께서는 그에게『**그분께서 원하는 자에게 그것을 주시고 또 인간의 가장 천한 자로 그 위에 세우시는 줄을 알게 하시려는 의도**』를 꿈을 통해 보여 주셨다.

4) **제국의 흥망성쇠는 오직 전능하신 하나님의 손에 달려 있다. 구약 시대에는 통치자들을 세우고 끌어내리는 권한이 아버지 하나님께 있었다(렘 18:7-10).**

5) 신약에서는 누군가에게 권세를 주시는 권한과 책임이 부활 이후『**하늘과 땅에 있는 모든 권세**』를 받으신(마 28:18) 아들 하나님께 주어졌다. 일례로 그리스도인들을 죽이라고 네로에게 권세를 주신 분은 주 예수 그리스도이신 것이다(롬 13:1-5, 벧전 2:13-17).

■ 새롭게 깨달았거나 적용할 내용이 있다면 적어 보세요. ■

꿈을 해석하는 다니엘

『왕께서 보신 그 나무가 자라서 견고하게 되고 그 높이가 하늘에 닿았는데 그 모양은 온 땅에 이르렀고 그의 잎사귀들은 아름다우며 그 열매는 많아서 만민을 위한 식량이 되며 들의 짐승들이 그 아래 거하며 공중의 새들이 그 가지들에 거처를 삼았나이다. 오 왕이여, 그것은 왕이시오니, 곧 왕께서 자라서 견고해지심이라. 이는 왕의 위대하심이 자라서 하늘에 닿고 왕의 통치권이 땅 끝까지 미침이니이다』(20-22절).

1. 느부갓넷살은 꿈을 해석하라는 명령을 받은 다니엘이 고심하는 눈치를 보이자, 해석이 어떤 내용이더라도 개의치 말고 이야기하라고 주문한다(19절).

➡ 그 나무가 "**자라서 견고하게 되고 그 높이가 하늘에 닿고 그 모양이 온 땅에 이르게 된다**"(20절)는 것은 느부갓넷살의 위대함이 자라서 하늘에 닿고 그의 통치권이 땅끝까지 미친 것이라고 다니엘은 해석한다(22절). 여기서 『**땅 끝**』은 "**바다가 시작되는 곳**"이란 뜻으로, 느부갓넷살의 통치권이 홍해 밖까지 미치고 지중해 밖까지 지배력이 확대되었음을 보여준다.

2. 다니엘은 느부갓넷살이 그 "나무"라고 했다.

1) 다윗 역시 시편 37:35,36에서 악인을 나무에 비유한다. 『**내가 큰 세력을 가**

진 악인을 보았더니 푸른 월계수같이 뻗어나갔으나 그가 사라져 버렸으니, 보라, 그가 없어졌도다. 정녕, 내가 그를 찾아보았으나 찾을 수 없었도다.』

2) 성경에서 사람은 종종 "<u>나무</u>"에 비유된다. ① 의로운 사람은 종려나무에 비유된다(시 92:12). ② 마가복음 8장의 소경은 눈을 뜨고 난 뒤 『**사람들이 나무 같고, 걸어가는 것이 보이나이다.**』(막 8:24)라고 말했다. ③ 에스겔 31장의 파라오(2절)와 앗시리아인(3절)은 백향목에 비유되는데 두 사람은 적그리스도의 예표이다.

파수꾼의 선언에 관한 다니엘의 해석과 그의 조언

『또 왕께서 보셨으니 하늘에서 한 파수꾼, 곧 한 거룩한 이가 내려와 말하기를, 그 나무를 베고 그것을 멸하라. 그러나 그 뿌리의 그루터기는 땅에 남겨 두어 철과 놋의 줄로 동이고 들의 부드러운 풀 속에 두어 하늘의 이슬로 젖게 하며 그의 분깃이 들의 짐승들과 함께 있게 하여 일곱 때가 그를 지날 때까지 두라 하였으니, 오 왕이여, 그 해석은 이러하니이다. 즉 지극히 높으신 분의 칙령이 이것이니, 내 주 왕께 미치는 것이니이다』(23,24절).

1. 느부캇넷살, 곧 "그 나무"는 베어지고 멸해지지만, 그 뿌리의 그루터기는 땅에 남겨져 철과 놋의 줄로 동여지게 된다(23절).

➡ 느부캇넷살은 "<u>그 뿌리의 그루터기</u>"가 "<u>철과 놋의 줄로 동여지기</u>" 때문

에, 비록 "하늘의 이슬로 젖게" 된다 해도 뿌리가 썩어 부스러지지 않도록 최소한의 보호 장치가 마련된다. 말하자면 그의 낮춰짐을 위해 왕궁 밖으로 쫓겨날 뿐 왕의 지위의 근본은 제거되지 않는 것이다.

2. 『지극히 높으신 분』은 이방인들이 하나님에 관해서 부르는 호칭이다 (창 14:18-22, 신 32:8, 사 14:14, 단 3:26; 5:18,21; 7:25, 막 5:7).

3. 느부갓넷살을 사람들로부터 쫓아내어 소처럼 풀을 먹게 할 『그들』(25절)은 신원이 분명치 않다. 『그들』은 『파수꾼들』이나 『거룩한 자들』일 수도 있고, 느부갓넷살의 신하들이나 백성을 말할 수도 있다.

➠ 클라렌스 라킨은 이 부분에서 지상의 권력자들뿐만 아니라 영적 권세들의 행위를 적절히 규제하고 통제하기 위한 영적 "사법 기관" 같은 것이 있어서 다니엘 4장에서 내려지는 판결이 바로 그 『**파수꾼들의 칙령**』이고 『**거룩한 자들의 말에 의한 요구**』(17절)라고 추측한다.

4. 다니엘은 느부갓넷살이 본 환상과 그 파수꾼들의 칙령이 지닌 본질을 깨달았다.

➠ 느부갓넷살은 이 우주의 궁극적인 통치자가 누구이신가를 모른 채 이방 세계의 최고 권세자로서 자신을 높게 평가하고 있었던 것이다. 『**왕의 왕국은 왕께서 하늘들이 다스리는 것을 안 후에야 왕에게 견고하게 서리이다**』(26절).

1) 다니엘이 말한 『하늘들』은 실질적으로 "하나님"을 가리킨다. 왜냐하면

왕국의 궁극적인 주관자는 하나님이시기 때문이다.

2) **"하늘"이 "하나님"은 아닌데도 그렇게 말한 것은, 하나님께서 지상의 왕국들을 지배하고 주관하시는 일에 『하늘들』에 거하는 어떤 "통치 계급"을 수단으로 이용하시기 때문이다**. 즉 하늘들에는 지상 왕국들을 주관하는 여러 통치 계급이 있는 것이다.

3) **다니엘서에는 『하늘들』에 거하는 천사급의 "권세들"이 지상의 왕국들을 대표하고 있음이 계시되어 있다**.
   (1) 일례로 **페르시아의 통치자**(단 10:13), **그리스의 통치자**(단 10:20), **이스라엘의 통치자**(미카엘, 단 12:1) 등이 있다.
   (2) 이들은 인간 권세자들이 아닌 영적 권세자들이며, 에베소서 3:10에서 언급되는 『**천상에 있는 정사들과 권세들**』이다.

4) **다니엘서는 우리가 하나님께 기도를 드릴 때 하늘의 영적 세계에서 많은 일이 벌어지게 된다는 사실을 계시한다**.
   (1) 우리가 기도하면 그 기도에 응답하시려는 주님과 기도를 방해하려는 영적 악의 세력 사이에 갈등이 벌어지기도 한다. 이로 인해 다니엘의 기도가 21일 동안이나 응답이 지연된 적이 있었다. 『**다니엘아, 두려워 말라. 네가 깨닫고 네 하나님 앞에 스스로 겸손하기로 마음을 정한 첫날부터 네 말이 들린 바 되었기에 내가 네 말들로 인하여 왔느니라. 그러나 페르시아 왕국의 통치자가 이십일 일 동안 나를 가로막았도다**』(단 10:12,13).
   (2) 다니엘의 기도와 관련된 방해가 어찌나 심했던지 천사장 미카엘이 와서 도와주었다(13절).

(3) 사도 바울은 이와 같은 영적 전쟁에 관하여 『**우리의 싸움이 혈과 육에 대항하는 것이 아니라 정사들과 권세들과 이 세상 어두움의 주관자들과 높은 곳들에 있는 영적 악에 대항하는 것**』(엡 6:12)이라고 기록했다.

(4) **에베소서 6장에는 성도가 영적 전쟁에서 갖춰 입어야 할 하나님의 전신갑옷이 제시되어 있는데, 거기에는 기도에 대한 명령이 다음과 같이 맨 끝에 추가되어 있다.** 『**모든 기도와 간구로 항상 성령 안에서 기도하고 이를 위하여 모든 성도들을 위해 모든 인내와 간구로 깨어 있으라**』(엡 6:18).

5. 다니엘은 느부갓네살과 같은 이방 세계의 최고 권세자에게 그의 평안을 위한 충고를 마다하지 않았다(27절).

➠ **죄를 지은 자에게 죄악을 끊고 의를 행하라고 경고하는 것은 하나님의 사람으로서 마땅히 해야 할 임무이다.** 선지자 나단(삼하 12:7), 엘리야(왕상 18:18), 침례인 요한(마 14:4), 베드로(행 8:20-23), 바울(행 24:25; 26:29) 등도 그 임무를 충실히 수행했다.

■ 새롭게 깨달았거나 적용할 내용이 있다면 적어 보세요. ■

교만에서 낮춰지는 느부캇넷살

『이 모든 일이 느부캇넷살왕에게 임하였느니라. 열두 달의 마지막에 그가 바빌론 왕국의 궁을 거닐다가 왕이 일러 말하기를 '이것이 내가 내 권세의 힘으로 내 위엄의 영예를 위하여 왕국의 집을 건설한 위대한 바빌론이 아니냐?' 하였더니, 그 말이 왕의 입에 아직 있는데 하늘에서 한 음성이 내려 말씀하시기를 '오 느부캇넷살왕아, 네게 말하노니, 그 왕국이 네게서 떠났느니라. 그들이 너를 사람들로부터 쫓아내리니, 너의 거처가 들의 짐승들과 함께 있게 되리라. 또 그들이 너를 소처럼 풀을 먹게 할 것이요 일곱 때가 너에게 지나고 나서야 너는 지극히 높으신 분께서 인간들의 왕국을 다스리시며 그분께서 원하시는 자에게 그것을 주신다는 것을 알게 되리라.' 하였느니라』(28-32절).

1. 느부캇넷살의 "혼잣말"

1) 하나님께서는 인간의 빈말까지도 모두 듣고 계신다(말 3:16, 마 12:36).

2) 느부캇넷살의 말에는 오직 "나"만 있었다. **『이것이 내가 내 권세의 힘으로 내 위엄의 영예를 위하여 왕국의 집을 건설한 위대한 바빌론이 아니냐?』**(30절)

(1) 느부캇넷살은 자기가 누리는 권세의 근원을 자아 속에서 찾았고, 또한 자신에게 영광을 돌리고 있었다. **『사람의 마음은 멸망에 앞서 교만해지고, 존귀에 앞서 겸손이 있느니라』**(잠 18:12).

(2) 피조물인 인간이 "자기 자신"에게 집착하는 것은 자신 안에 있는 마귀적인 성품이 반영된 결과이다(사 14:12-14).

2. 하늘로부터의 선고

➠ 자아에 집착한 느부갓넷살은 그의 말이 채 끝나기도 전에 하늘로부터 무서운 선고를 듣게 되었다(31,32절).

1) 느부갓넷살은 다니엘의 꿈 해석을 통해 자기에게 다가올 무서운 일을 들었고, 거기에 더하여 다니엘의 충직한 조언까지 주어졌음에도 불구하고 그의 교만의 죄를 벗어버리지 못했다. 『어두움 가운데 행하는 사람은 자기가 어디로 가는지 알지 못하느니라』(요 12:35).

2) 징계는 죄의 길에서 스스로 벗어나지 못하는 사람을 일깨워 주시는 하나님의 방편이다. 자신을 판단해서 심판하지 못한 사람을 하나님께서 직접 판단하시어 심판하시는 것이다(고전 11:31,32).

명철이 돌아오고 겸손해진 느부갓넷살

『그 날들의 마지막에 나 느부갓넷살이 하늘을 향해 내 눈을 들었더니 내 명철이 내게 다시 돌아왔고 내가 지극히 높으신 분을 송축하며 영원히 사시는 분을 찬양하고 존경하였으니 그분

의 통치권은 영원한 통치권이요 그분의 왕국은 대대에 이르리로다. 땅의 모든 거민은 아무것도 아닌 것으로 여겨지나, 그분께서는 하늘의 군대에 있어서나 땅의 거민 가운데서나 자신의 뜻에 따라 행하시나니, 그분의 손을 치거나 그분께 말하기를 '당신은 무엇을 하는가?' 할 자가 아무도 없느니라. 바로 그때에 내 이성이 내게 돌아왔고 또 내 왕국의 영광에 대하여도 내 위엄과 빛남이 내게로 돌아왔으며 또 나의 자문관들과 귀족들이 나를 찾았으니 내가 내 왕국에서 세움을 받았고 훌륭한 위엄이 내게 더해졌느니라. 이제 나 느부캇넷살이 하늘의 왕을 찬양하고 칭송하고 존경하노니 그분의 모든 일은 진리이고 그의 길들은 공의로우시니 교만하게 행하는 자들을 그분께서 능히 낮추시느니라."』(34-37절)

1. 느부캇넷살은 7년의 마지막 날에 정신이 들면서 그의 명철이 돌아왔고 비로소 하나님의 통치권을 인정하는 고백을 하게 된다.

1) 새가 추락하는 것은 높이 날아올랐기 때문이듯, 인간이 위대해질수록 그의 추락의 정도 또한 매우 극심해진다(cf. **다윗의 징계**).

2) **사람들 사이에서 높아질수록, 후에 추락할 때는 견디기 힘든 처참한 고통이 따르는 법이다**. 남들보다 높임을 받는 사람은 이 점에 늘 주의해야 한다. 이는 한 번의 추락이 그의 최후가 될 수도 있기 때문이다. 이에 대한 해법은 스스로 높아지지 않고 스스로 겸손해지는 길밖에 없다. 자신을 낮추는 것이 곧 높아지는 길임을 잊지 말아야 한다(빌 2:5-9). 『**서로 같은 생각을 품고 높은 것들을 생각하지 말며 낮은 데 처한 사람들**

과 같이 하고 스스로 지혜 있는 체하지 말라』(롬 12:16). 『**그러므로 하나님의 능하신 손 아래서 겸손하라. 때가 되면 그분께서 너희를 높이시리라**』(벧전 5:6).

2. 느부갓네살이 자신의 문제를 알고 하나님께 영광을 돌리자 징계가 사라졌다. 목적이 성취될 때 시험은 종결되는 것이다.

1) **시험에 처했을 때는 하나님의 의도를 재빨리 간파해야 하며, 그분의 뜻에 신속하게 부응할 수 있도록 해야 한다**. 하나님께서 원하시는 사람이 되어야만, 그 시험에서 벗어나게 하실 것이기 때문이다.

2) 다니엘이 볼 때, 느부갓네살은 죄의 길을 걸었고 가난한 자들에게 자비를 베풀지 않았다(27절).

➠ **느부갓네살은 나중에야 이것을 깨달았고, 극심한 시련을 거친 후에야 다니엘이 권고했던 그런 사람으로 변모되어 나올 수 있었다**.

3. 느부갓네살의 고백은 "명철"이 있는 자의 고백이었다. 자신이 아무것도 아님을 깨닫고 하늘의 하나님을 두려워하며 악에서 떠나는 것이 명철이기 때문이다. 『보라, 주를 두려워함이 곧 지혜요, 악에서 떠나는 것이 명철이니라』(욥 28:28).

➠ 느부갓네살이 대표적인 마귀의 모형임에도 불구하고, 그의 입에서는 위대한 고백이 나왔다. 이는 느부갓네살이 비록 적그리스도의 예표이기는 하지만, 한편으로는 역사상으로 실존했던 인물로서 그 자신만의 다른 면모도 지니고 있었기 때문이다.

제4과
복습문제

1. 『그분의 ( )은 영원한 왕국이요, 그분의 ( )은 대대에 이르리로다』(단 4:3).

2. ( )은 『이방인들의 때』(눅 21:24, 계 16:14)가 시작되었을 무렵 보좌 위에 오른 이방 세계의 최초의 왕이었다.

3. 인간의 권세는 ( )께로부터 오는 것이다.

4. 이방 세계의 왕으로서 번영을 누리던 바빌론 왕 느부캇넷살을 괴롭힌 것은 ( )이었다.

5. 느부캇넷살이 짐승처럼 보내게 될 “일곱 때”는 예언적으로 ( )의 7년과 일치한다.

6. 구약 시대에는 통치자들을 세우고 끌어내리는 권한이 아버지 하나님께 있었고, 신약에서는 그 책임이 부활 이후 『하늘과 땅에 있는 모든 권세』(마 28:18)를 받으신 ( ) 하나님께 주어졌다.

7. 다니엘 4장에서 바빌론 왕 느부캇넷살의 꿈에 나타난 “나무”는 누구를 상징하는가? ( )

8. 『지극히 높으신 분』(단 4:34)은 이방인들이 주 하나님을 향해서 부르는 호칭이다. (O , X)

9. 하늘들에는 지상 왕국들을 주관하는 통치 계급이 없다. (O , X)

10. 에베소서 6장에는 성도가 영적 전쟁에서 갖춰 입어야 할 하나님의 전신갑옷이 제시되어 있는데, 거기에는 (   )에 대한 명령이 맨 끝에 추가되어 있다.

11. 인간이 "자기 자신"에게 집착하는 것은 자신 안에 있는 (   )적인 성품이 반영된 결과이다.

12. 『그분의 (   )은 영원한 통치권이요 그분의 (   )은 대대에 이르리로다』(단 4:34).

■ 복습 문제의 정답은 홈페이지(www.solomonbtc.org)에서 확인할 수 있습니다.

■ 새롭게 깨달았거나 적용할 내용이 있다면 적어 보세요. ■

NOTES

제5과
고고학을 통해 본 바빌론의 영광과 멸망(5장)

『그것의 해석은 이러하니, **메네**는 하나님께서 왕의 왕국을 헤아려서 그것을 끝내셨다 함이요, **테켈**은 왕을 저울에 달았더니 부족함이 나타났다 함이요, **페레스**는 왕의 왕국이 나뉘어서 메데인들과 페르시아인들에게 주어진다 함이니이다." 하더라』(단 5:26-28).

바빌론 제국

"**바빌론**"은 오늘날 이라크의 한 지역에 있었던 도성으로서 제국이 멸망한 이후 오랜 세월 흙 속에 묻혀 있었다. 그래서 사람들은 바빌론의 존재를 역사적으로 고증할 수 없었다가, 19세기에 들어와서야 비로소 그 실체를 확인하게 되었다. 1897년에 독일의 고고학자 "**로베르트 콜데바이**"(Robert Johann Koldewey)는 이라크 남쪽의 바빌론 지역을 주요 발굴지로 정하고 1899년에 발굴을 시작했다. 1917년까지 무려 18년 동안 바빌론 유적지를 발굴했는데, 모래 속에 감춰져 있던 거대한 "**바빌론 문명**"이 역사 전면에 드러나게 된 것이다.

발굴해 보았더니 바빌론은 꽤 거대하고 화려한 도성임이 밝혀졌는데, 성경에는 이미 그보다 2,500년이나 앞서서 그 사실이 기록되어 있었다. 바빌론 왕 느부캇넷살은 왕국의 궁을 거닐다가 너무 교만한 나머지 이렇게 말했다. 『**이것이 내가 내 권세의 힘으로 내 위엄의 영예를 위하여 왕국의 집을 건설한 위대한 바빌론이 아니냐?**』(단 4:30) 바로 이때 하나님께서는 느부캇넷살을 치셨고 7년 동안 짐승처럼 살게 만드셨다. 이처럼 바빌론은 당대에 가장 강력하고 화려한 문명을 자랑하던 제국이었다. 고고학은 결코 성경보다 앞설 수 없다!

바빌론 제국은 남왕국 유다를 멸망시킨 나라로서 선지자들의 예언의 주된 대상이 되었다. 세계사에서는 이 바빌론을 함무라비 시대의 고대 바빌론과 구분하기 위하여 "신(新)바빌로니아"라고 부른다.

바빌론 제국의 성립과 예루살렘 침공

1. 세계를 제패한 바빌론 제국 : 나보폴라살(Nabopolassar, B.C. 625-605)

1) "칼데아 왕조"를 세움

(1) 나보폴라살은 B.C. 625년에 바빌론의 왕이 되면서 "칼데아 왕조"를 세웠고, 앗시리아 군대를 완전히 패배시킴으로써(B.C. 609) 대제국의 주인이 되었다.

(2) 앗시리아를 굴복시키고 수도인 니느웨를 함락시킨 후에는 바빌론에 머물러 있었고, 그의 아들 느부갓넷살이 서쪽을 향해 정복 전쟁을 수행했다.

2) 바빌론을 "세계 패권국"이 되게 만든 "칼그미스(Carchemish) 전투"(B.C. 605)

(1) 이집트 왕 "파라오느고"의 군대가 바빌론의 세력을 견제하기 위해 지중해 해변 길을 따라 칼그미스를 향해 북진하고 있었을 때, **남왕국 유다의 요시야 왕이 그와 싸우려고 나갔다가 므깃도에서 활에**

맞아 전사하게 된다(대하 35:20-24).

(2) 이집트 군대는 남왕국 유다와의 싸움으로 인해 전력상 손실을 보았고, 또한 칼크미스에서 앗시리아의 남은 무리와 연합하여 바벨론 "**느부갓넷살**"의 군대와 싸워 보지만 대패하고 말았다. 이 전쟁으로 인해 "**앗시리아**"는 역사의 뒤안길로 완전히 사라졌고, "**남왕국 유다**"는 요시야 왕의 죽음 이후 급격하게 사양길로 접어들었으며, "**이집트**"는 그 세력이 약해졌고, **"바벨론"은 명실상부 세계 패권국이 되었다**.

2. 예루살렘을 함락시킨 바벨론 : 느부갓넷살(Nebuchadnezzar, B.C. 605-562)

1) **바벨론 제1차 침공**(B.C. 606) : "**친 이집트 정책**"을 펼친 예루살렘으로 진군하여 남왕국 유다의 "**여호야김**" 왕을 굴복시켰고 유다 백성을 포로로 잡아갔다. 이때 다니엘도 바벨론으로 사로잡혀 갔다.

■ 바벨론 왕국의 계보 ■	
나보폴라살	칼데아 왕조를 세움
느부갓넷살	예루살렘을 함락시킴
에윌므로닥	여호야긴을 석방시켜 줌
네리그릿살	느부갓넷살의 사위
라보로소알코드	네리그릿살의 아들(저능아)
나보니두스	느부갓넷살의 사위
벨사살	바벨론의 마지막 왕

2) **바벨론 제2차 침공**(B.C. 598) : 여호야킴의 뒤를 이어 "**여호야긴**"이 왕이 되었지만, 그로부터 3개월 뒤에 느부갓넷살이 침공해 왔고, 이때 여호야긴을 비롯하여 대규모의 포로들을 바벨론으로 잡아갔다.

3) **바빌론 제3차 침공**(B.C. 587) : 바빌론은 여호야긴을 대신하여 그의 삼촌 "시드키야"를 보좌에 앉혔다. 하지만 시드키야가 바빌론에 반역했고, 바빌론은 반역한 유다를 침공했다. **이로써 예루살렘은 완전히 함락되었고 성전도 파괴되었으며, 결국 남왕국 유다는 완전히 패망하고 말았다.**

『그리하면 이 온 땅이 황폐함과 경악거리가 되며 또 이 나라들은 바빌론 왕을 칠십 년간 섬기리라. 칠십 년이 차면 내가 바빌론 왕과 그 민족과 칼데아인의 땅을 그들의 죄악으로 인하여 벌하리니 그 땅을 영속적으로 황폐케 하리라. 주가 말하노라』(렘 25:11,12). "이방인들의 때"(눅 21:24)는 B.C. 606년(제1차 침공)부터 시작되었는데, 이 시기는 예루살렘이 짓밟히고 유다가 포로로 사로잡혀 가기 시작한 때이다. 이때부터 "바빌론 포로"가 시작되었고, 예레미야의 예언대로 그로부터 70년 뒤인 B.C. 536년에 페르시아 왕 코레스의 칙령으로 유다는 바빌론에서 돌아오게 된다.

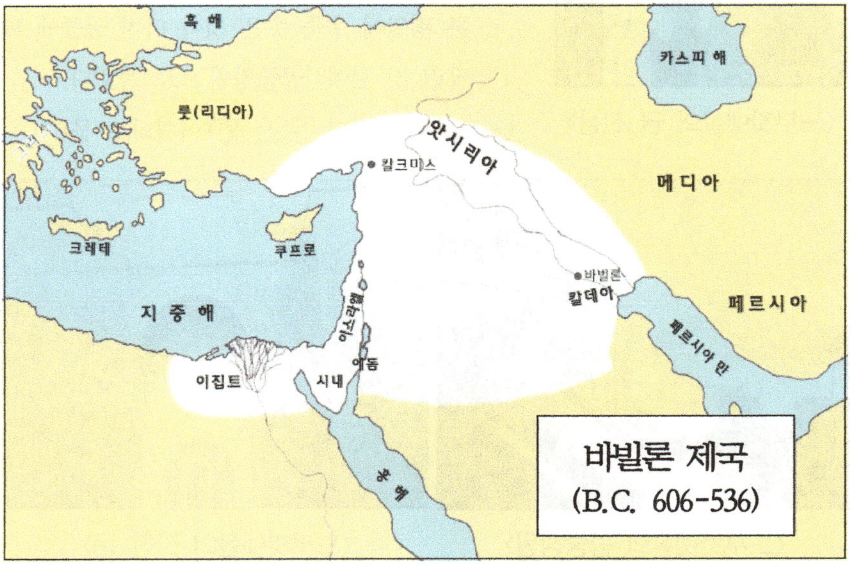

바빌론 제국
(B.C. 606-536)

바빌론 제국의 영광과 멸망

1. 바빌론 제국의 영광과 쇠퇴

1) 위대하고 찬란했던 바빌론 문명

〈느부갓넷살의 금 신상〉

(1) 느부캇넷살의 "금 신상" : 너비 6큐빗, 높이 60큐빗(약 25m) 규모의 "금"으로 만들어진 거대한 신상이 바빌론 지방에 있는 두라 평원에 세워졌다.

(2) "**공중정원**"(Hanging Garden) : 세계 7대 불가사의 중의 하나로 알려진 "**공중정원**"은 약 105m 높이의 피라미드 형식으로 층층이 쌓아 올린 대규모의 정원으로서, 황량한 바빌론 평원에 우뚝 솟은 것이 마치 공중에 매달린 것 같아 "**공중정원**"으로 불렸다.

(3) 느부캇넷살의 "궁전 문"(이쉬타르 문)

〈느부갓넷살의 공중정원〉

〈느부갓넷살의 궁전 문〉

찬란하고 위대했던 바빌론은 100년도 채 안 되어 멸망했다. 이것은 하나님의 섭리를 잘 보여 주는데, 즉 바빌론 제국의 존재 가치는 오직 남왕국 유다를 멸망시키고 그들을 포로로 잡아 두는 것에 있었던 것이다. 당대에 가장 강력한 왕국이었고 가장 찬란한 문화를 자랑했으나, 하나님께서 보시기에는 오직 남왕국 유다를 심판하시기 위한 도구였을 뿐이다. 『**이제 내가 이 모든 땅들을 나의 종 바빌론 왕 느부캇넷살의 손에 주었으며 들의 짐승들도 그에게 주어 그를 섬기게 하였느니라**』(렘 27:6).

2) **바빌론 제국의 쇠퇴 : 느부캇넷살 이후의 왕들**

(1) "**에윌므로닥**"(Evil-merodach, B.C. 562-560) : 포로로 감금되어 있던 "여호야긴"을 석방해 주고 친절히 대우해 주었으나 본토로 돌려보내지는 않았다(렘 52:31-34, 왕하 25:27-30).

(2) "**네리그릿살**"(Neriglissar, B.C. 560-556) : 느부캇넷살의 사위였고 모반을 일으켜서 에윌므로닥을 죽이고 왕이 되었으며, 4년 동안 통치한 후 B.C. 556년에 전쟁에서 죽었다.

(3) "**라보로소알코드**"(Laborosoarchod, B.C. 556) : 네리그릿살의 아들인 그는 "**저능아**"로서 왕이 된 지 9개월 만에 음모에 휘말려 심한 구타를 당하고 죽었다.

(4) "**나보니두스**"(Nabonidus, B.C. 556-539) : 느부캇넷살의 또 다른 사위로서 왕좌를 찬탈했고, 네리그릿살의 아내와 결혼하여 바빌론의 멸망 때까지 통치했다.

(5) "**벨사살**"(Belshazzar, B.C. 549-539) : 나보니두스의 아들로서 10년 동안 아버지("**양아버지**," cf. 단 5:2,11,13)와 "**공동 통치**"를 했다. **그는 바빌론의 "실질적인 마지막 왕"이었으며, B.C. 539년에 바빌론은 메데**

<u>페르시아에 의해 멸망했고, B.C. 536년 유다는 포로에서 귀환한다.</u>

2. 바빌론 제국의 멸망 : 벨사살의 운명의 날

〈나보니두스 원통〉

세속 역사에서는 바빌론의 마지막 왕이 "벨사살"이 아닌 "나보니두스"로 되어 있어서 사람들은 다니엘서의 역사성에 대해 의문을 품었지만, 19세기 중엽에 바빌론 폐허에서 발견된 "나보니두스 원통"은 벨사살이 나보니두스의 아들임을 제시하고 있다. <u>그 원통에는 당시 아버지 나보니두스가 전쟁으로 인해 약 10년 동안 바빌론을 떠나 있어야 했고, 이로 인해 벨사살을 공동 통치자로 지명했다는 사실이 기록되어 있다.</u> 서열로 보면 아버지인 나보니두스가 첫째 치리자였고, 아들 벨사살이 둘째 치리자였다. 그래서 벨사살은 다니엘 5:29에서 벽에 손가락이 기록한 내용을 해석한 다니엘을 "셋째 치리자"로 삼으려고 했던 것이다.

1) **벨사살 왕이 베푼 큰 잔치**(1-4절)

➡ 바빌론 성읍이 메데 페르시아 군대에 의해 겹겹이 포위된 상태였음에도 불구하고, 벨사살 왕은 난공불락의 요새만 믿고 태평하게 큰 잔치를 베풀고 있었다(1절).

(1) 성벽이 매우 높고 견고했으며, 두껍고 육중한 성문들이 굳건하게 막고 있었다.

(2) 유프라테스강을 끼고 있어서 성안으로 진입하기가 쉽지 않았다.

(3) 성안으로 들어가는 다리는 차단되었고, 놋 대문은 단단히 잠겨 있었으며, 성안에는 경작할 땅도 있어서 포위된 상태에서도 오랫동안 버틸 수 있었다.

(4) 벨사살 왕은 하나님의 성전의 기명들을 더럽혔고(2,3절), 하나님을 비웃으면서 자기들의 신들을 찬양했다(4절).

(5) **벨사살은 술잔을 채우고 있었지만, 하나님의 관점에서는 극에 달한 "죄의 잔"이 가득 차고 있어서 바빌론 위에 하나님의 심판이 임하고 말았다**.

바빌론의 함락보다 약 175년 전에 선지자 이사야를 통해 예언되었던바, 하나님의 예언이 성취되어야 할 시점에 이르자 난공불락인 바빌론 성읍의 『**두 짝 성문들**』은 저절로 열려 아무도 『**닫지 못하게**』 되었고, 『**험한 곳들**』은 평탄하게 되었으며, 『**놋문들**』은 산산이 부서졌고, 『**철빗장**』도 둘로 갈라지고 말았다(사 45:1,2).

2) **하나님의 손이 궁전 회벽에 쓴 글씨**(5-16절)

(1) 한 사람의 손가락들이 나와서 촛대 맞은편 궁전 회벽에 글을 쓰는

장면을 목격한 벨사살 왕은 큰 두려움에 사로잡혔는데(5,6,9절), 이것은 "바빌론 왕국의 종말"의 징조였다.

(2) 바빌론의 현자들은 이 글을 해석하지 못했다(7,8절). 여기서도 하나님의 영광이 드러나는데, 주님께서는 그분의 지혜를 그분의 종에게 주시어 이 비밀을 알게 하셨고, 그 내용 역시 이전의 두 번의 꿈처럼 하나님께서 홀로 위대하시며, 온 땅의 진정한 통치자라는 사실을 보여 주고 있다.

(3) 벨사살의 아버지인 나보니두스의 아내이자 왕비가 다니엘을 기억해 냈다(10-12절).

『왕[느부캇넷살]이 벨트사살이라 이름 하신 그 다니엘에게서 ① 탁월한 영과 ② 지식과 ③ 명철이 있어, ④ 꿈들을 해석함과 ⑤ 난해한 글귀를 풀어 주며 의문을 해소하는 것이 나타났나이다. 이제 다니엘을 부르소서. 그리하면 그가 그 해석을 알려 드리리이다." 하더라... 내가 너에 관하여 들으니 신들의 영이 네게 있고 ⑥ 빛과 명철과 ⑦ 탁월한 지혜가 네게서 나타난다 하는도다』(12,14절).

➠ 성령 하나님께서는 "일곱 가지"로 묘사되는(사 11:2) 하나님의 "일곱 영"으로 불리시는데(계 1:4; 3:1; 4:5; 5:6), 다니엘 안에서 그러한 성령님의 모습을 볼 수 있다.

다니엘이 느부캇넷살의 첫 번째 꿈을 해석한 이후 65년이 지났고, 두 번째 꿈을 해석한 이후 약 35년이 흐른 지금, 그녀는 다니엘을 기억하고, 다니엘을 부르라고 말하는 것인데, 다니엘이 20세에 끌려와 3년 동안 궁중 수업을 받았다면, 지금쯤 88세가 되었을 것이다.

(4) 벨사살은 다니엘에게 해석에 대한 보답으로 "**셋째 치리자**"의 자리를 약속했다(13-16절). **그러나 이제 곧 "멸망할 왕국"에서 셋째 치리자가 무슨 의미가 있겠는가!**

3) **다니엘의 해석과 바빌론의 멸망**(17-31절)

(1) 다니엘의 경고와 책망(17-24절)

➡ 다니엘은 허무한 세상의 영광 따위는 필요 없다고 담대하게 경고했고(17절), 느부갓넷살의 교만과 그로 인해 그가 받은 심판에 대해 알았으면서도 더 큰 악을 행한 벨사살을 책망했다(18-24절).

(2) 벽에 써진 글귀의 해석(25-28절)

❶ "**메네**"(MENE) : "헤아리다"

➡ 하나님께서 당신의 왕국을 헤아려 보시고 그것을 끝내셨다.

❷ "**데겔**"(TEKEL) : "달아보다"

➡ 당신을 저울에 달아 보았더니 부족함이 발견되었다.

❸ "**페레스**"(PERES, 우파르신의 단수) : "나뉘다"

➡ 당신의 왕국이 나뉘어 메데와 페르시아에게 주어진다.

(3) 다니엘에게 약속을 지키는 벨사살(29절)

➡ 벨사살의 약속은 "공수표"에 불과했고, 다니엘도 그것이 허무하다는 것을 알고 있었다. **벨사살은 적어도 약속을 지킬 줄 알았지만, 그 예언이 지금 당장 일어날 것으로는 믿지 않았다.**

(4) **벨사살의 죽음과 바빌론의 멸망**(30,31절)

➡ 벨사살은 그날 밤 죽임을 당하고 왕국은 끝나버렸으니, **메디아인 다리오가 왕국을 취하게 되었다**(30,31절). 바빌론 제국이 멸망할 때, 실질적인 전쟁을 수행하여 바빌론을 무너뜨린 장본인은 페르시아의 "코레스"였지만, 아직은 메디아가 우위에 있었기

때문에 62세의 "**메디아인 다리오**"가 바빌론을 취한 것으로 성경은 기록하고 있다.

바빌론이 멸망하는 장면에 대해서는 다니엘 5장에서 자세히 제시되는데, 거기에서는 마지막 왕의 이름이 벨사살이다. 벨사살은 나보니두스의 아들이었다. **그러고 보면 바빌론은 사위들이 통치했던 시대를 제외하면 느부갓네살에서 에윌므로닥을 지나 벨사살까지 3대를 넘지 못하고 멸망한 나라였다**. 이것이 바로 하나님의 왕국인 남왕국 유다를 멸망시킨 나라의 최후인 것이다.

■ 다니엘 5장에서 얻을 수 있는 다섯 가지 교훈들 ■

① 교만은 멸망에 앞서 있고 거만한 영은 몰락에 앞서 있다(잠 16:18).

② 즐거운 연회는 끔찍한 살육으로 끝날 수 있다.

③ 가장 현명하고 최고로 훈련받은 종교지도자들도 성령을 떠나서는 아무것도 해석할 수 없다.

④ 모든 사람은 마침내 하나님의 저울로 측정될 것이다.

⑤ 하나님께서 사용하시는 저울의 한쪽 접시에는 당신이 있고, 다른 쪽 접시에는 예수님께서 계신다.

■ 새롭게 깨달았거나 적용할 내용이 있다면 적어 보세요. ■

제5과
복습문제

1. 『그리하면 이 온 땅이 황폐함과 경악거리가 되며 또 이 나라들은 바빌론 왕을 (　　　) 년간 섬기리라. (　　　) 년이 차면 내가 바빌론 왕과 그 민족과 칼데아인의 땅을 그들의 죄악으로 인하여 벌하리니 그 땅을 영속적으로 황폐케 하리라. **주**가 말하노라』(렘 25:11,12).

2. 바빌론의 마지막 왕은 에윌므로닥이다. (O , X)

3. 한 사람의 손가락들이 나와서 촛대 맞은편 궁전 회벽에 글을 쓰는 장면은 "바빌론 왕국의 종말"의 징조와 무관하다. (O , X)

4. 다음 (　　　) 안에 알맞은 말을 넣으시오.
   ① (　　　　) : "헤아리다" - 하나님께서 왕국을 헤아려 보시고 끝내셨음
   ② (　　　　) : "달아보다" - 저울에 달아 보았더니 부족함이 발견되었음
   ③ (　　　　) : "나뉘다" - 왕국이 나뉘어 메데와 페르시아에게 주어짐

5. 벨사살은 약속을 지킬 줄은 알았으나, 예언이 당장 일어날 줄로 믿지는 않았다. (O , X)

■ 복습 문제의 정답은 홈페이지(www.solomonbtc.org)에서 확인할 수 있습니다.

NOTES

제6과

예수 그리스도의 위대한 예표 다니엘(6장)

『그분은 구해 내시고 구출하시며 또 하늘에서나 땅에서 표적들과 이적들을 행하시고 사자들의 힘에서 다니엘을 구해 내신 분이시니라." 하더라』(단 6:27).

예수 그리스도의 죽으심과 장사와 부활의 모형

역사적으로는 "**이방인들의 때**"의 두 번째 무대인 "**메데 페르시아**" 제국이 펼쳐지는 때이다. 바빌론이 멸망하고, 메데 페르시아의 다리오 왕이 즉각적으로 이 제국을 접수한 뒤 2년 만에 죽었는데, 다니엘 6장에서 서술되는 이야기는 이 짧은 2년의 기간에 있었던 극적인 사건이다.

다니엘 6장에서, 선지자 다니엘은 "초림" 때의 예수 그리스도의 모형으로 나타나는데 "죽었다가 부활하시는" 모형을 취하는 것이다. 물론 예수 그리스도께서는 죄인들을 "**대속**"하시려고 죽으신 반면, 다니엘은 그렇지 않았다. 그러나 이 "**대속**"에 관한 부분만을 제외하면, 다니엘은 그리스도의 모형이 된다. 그래서 본 장을 일종의 "**다니엘 복음**"이라고 불러도 무방할 정도이다. **그만큼 예수 그리스도의 죽으심과 장사와 부활의 모형이 잘 나타나 있는 것이다.**

사자굴에 던져진 다니엘

1. 다니엘을 대적한 음모(1-17절)

1) **다리오는 다니엘을 첫째가는 총리로 세웠다**(1,2절).

(1) 120명의 고관들 위에 세워진 "**세 명의 총리**"는 삼위일체의 예표가 된다.

➠ **예표 ① 삼위일체의 두 번째 인격이신 예수 그리스도**

(2) 다니엘이 "**첫째**"였다(2절).

➠ **예표 ② 시작이시며 만물 안에서 으뜸이신(골 1:18) 예수 그리스도**

2) 다니엘은 "**탁월한 영**"을 지니고 있었다(3절).

➠ **예표 ③ 탁월한 영이신 성령님과 함께하시는 예수 그리스도**

3) 다리오가 다니엘에게 "**전국을 다스리도록**" 구상하게 했다(3절).

➠ **예표 ④ 실제적인 왕국을 이 땅에 세우시고 통치하실 예수 그리스도**

➤ 하나님께서는 『**하늘에 있는 것이나 땅 위에 있는 것이나 땅 아래 있는 것이나 모든 무릎을 예수의 이름에 꿇게**』(빌 2:10) 하셨다. 예수 그리스도의 또 다른 모형인 요셉도 파라오로부터 이와 비슷한 말을 들었다(창 41:43,44).

4) 총리들과 고관들이 "**왕국에 관해**" 다니엘을 반대할 구실을 찾고자 했다(4절).

(1) 사탄은 항상 "**왕국에 관하여**" 하나님의 계획을 방해하려 한다.

(2) 그들은 어떤 구실이나 잘못도 찾아낼 수 없었다.

➠ **예표 ⑤ 초림 당시 아무런 잘못도 발견되지 않으신 예수 그리스도**

➤ 빌라도는 "**나는 이 사람에게서 아무런 잘못도 찾지 못하였노라.**" 라고 세 번이나 고백했다(요 18:38; 19:4,6).

5) "**하나님의 율법에 관하여**" 다니엘을 반대할 구실을 찾아내려 했다(5절).

➠ **예표 ⑥ 예수님을 대적한 바리새인들도 율법을 구실로 반대하고 대적할 거리를 찾아내려 했다(특히 안식일).**

6) 오직 다니엘을 반대할 구실을 만들기 위해 30일 동안 "**왕 외에**" 다른 사람이나 신에게 "**청원**"(기도)하는 사람이 있다면 그를 사자 굴에 던져 넣어야 한다는 칙령을 수립했다(6-9절).

➡ **예표 ⑦ 사탄은 예수님을 시험하면서 자신에게 경배할 것을 요구했다 (마 4:9).**

7) **신실한 다니엘의 기도**(10,11절) : "**하나님을 향한 절대적인 신뢰와 순종**"

(1) 왕의 칙령을 두려워하지 않겠다는 의미와 더불어 이 고난에서 구해 달라는 기도였다.

(2) 갑자기 닥친 위협을 이기기 위해 기도한 것만은 아니었고, 평상시에 꾸준히 했던 기도의 습관을 따라 기도한 것이었다.

➡ **예표 ⑧ 예수님께서도 죽음의 위협 앞에서 기도하셨고, 그 죽음을 받아들이셨다.**

(3) "**예루살렘을 향해**"(10절) 창문을 열고 기도했다는 사실은, 역대기하 6장에서 솔로몬이 성전 봉헌을 마치고 드린 기도를 생각나게 한다(대하 6:38,39). 그리스도인의 기도의 창문은 셋째 하늘에 있는 "**새 예루살렘**"을 향해 열려 있어야 한다.

8) 다리오는 총리와 고관들의 모함으로 인한 죽음에서 다니엘을 "**구해 주려고**" 애를 썼다(12-14절).

➡ **예표 ⑨ 십자가를 모면할 기회가 언제든지 있었으나 친히 그 잔을 받으신 예수 그리스도**

9) "**변경될 수 없는 법**"에 따라 다니엘은 사자 굴에 던져졌다(15-17절).

(1) "**변경될 수 없다**"는 측면에서 왕국의 법은 "**율법의 모형**"이 되는데,

율법은 "**하늘과 땅이 없어지기 전에는 일점일획도**" 없어지지 않을 만큼 확실한 법이다(마 5:18).

(2) 변경될 수 없는 법에 따라 다니엘은 죽어야 했다.

➠ **예표 ⑩ 거룩하신 하나님의 율법의 요구대로 죽으셔야 했던 예수 그리스도**

(3) 다니엘을 사자 굴에 던진 것은 다니엘에 관한 목적이 변경되지 못하게 하기 위함이었다(17절).

➠ **예표 ⑪ 예수 그리스도께서도 그분에 관한 목적 역시 변경될 수 없으셨기에, 십자가에 못 박혀 죽으셔야 했다(행 2:23).**

(4) 다니엘을 사자 굴에 던진 후 돌을 굴려다가 굴 입구를 막고 인장으로 봉했다(17절).

➠ **예표 ⑫ 사자 굴은 아리마대 요셉의 무덤을 예표하고, 사람들은 그 안으로 들어가신 예수 그리스도의 무덤을 돌을 굴려 막았고 봉인을 했다(마 27:60,66).**

2. 신실하신 주 하나님과 다니엘의 승리(18-24절)

1) 왕이 아침에 매우 일찍 일어나 사자 굴로 달려갔다(18,19절).

➠ **예표 ⑬ 예수 그리스도께서 부활하신 날 새벽이 시작될 무렵, 여인들이 무덤으로 달려갔고(막 16:2, 눅 24:1), 막달라 마리아는 아직도 어두운 새벽에 무덤**

으로 달려갔다(요 20:1).

2) 하나님께서 "천사"를 보내시어 사자들의 입을 막으셨다(20-22절).

➠ **예표 ⑭ 막달라 마리아는 흰옷을 입고 무덤 안에 앉아 있던 두 천사를 보았고, 그 천사들과 대화까지 나누었다(요 20:12,13).**

3) 하나님 앞에서 다니엘의 "무죄함"이 드러났으니, 그는 왕 앞에서 어떤 해로운 일도 하지 않은 것이다(22절).

➠ **예표 ⑮ 죄가 없으시며 하나님 앞에서 어떤 해로운 일도 하지 않으신 예수 그리스도**

4) 다니엘을 굴에서 끌어올렸다(23절).

➠ **예표 ⑯ 부활하신 예수 그리스도**

이것은 거듭난 성도들의 예표이기도 한데, 왜냐하면 바로 뒤에서 『**이는 그가 그의 하나님을 믿었음이더라.**』라고 말씀하고 있기 때문이다. 이것은 분명 거듭난 그리스도인의 구원을 나타내는 그림인데, 이처럼 "구원받았다"는 것 자체가 죽음에서 건져 올려졌음을 의미한다. 거듭난 성도가 죽음에서 생명으로 옮겨졌다는 것이 바로 이런 것이다.

5) 다니엘을 고소했던 자들이 사자 굴에 던져졌다(24절).

➠ "사자"는 마귀의 모형이기 때문에(벧전 5:8), 다니엘을 고소했던 자들이 사자 굴에 던져지는 것은 구원받지 못한 사람들이 지옥으로 던져지는 것을 보여 준다.

6) 그들이 미처 굴 바닥에 닿기도 전에 사자들이 그들을 움켜서 그들의 모든 뼈를 산산조각내어 부숴 버렸다(24절).

➠ 짐승들이 다니엘을 덮치지 않았던 이유는, 그들이 배고프지 않아서가 아니라, 하나님께서 그 입을 막으셨기 때문이다(cf. 딤후 4:17).

➤ **성도들이 세상에서 담대할 수 있는 이유가 바로 여기에 있는데**, 그것은 세상이 성도에게 위협적인 존재가 아니거나 세상이 성도들을 해칠 이유가 없어서라기보다 **하나님께서 성도들을 보호하시기 때문이다**.

■ 새롭게 깨달았거나 적용할 내용이 있다면 적어 보세요. ■

다리오의 칙령

1. 다리오 왕은 모든 사람에게 "다니엘의 하나님" 앞에서 떨며 두려워하라는 칙령을 내렸다(26절).

➠ 단순히 다니엘을 구해 준 어떤 "신"을 찬양하는 정도가 아니라, 살아 계시고 영원히 변치 않으시는 "**다니엘의 하나님**," 즉 "**그의 백성**"의 "**그 하나님**"을 증거하고 있는 것이다.

2. 다리오 왕은 영원히 멸망하지 않을 "왕국"과 영원히 끝나지 않을 "통치권"을 고백했다(26절).

1) 여기에서 우리는 역사 속에서 이방인들의 주된 관심사가 "**왕국**"이며, 그 왕국과 그 왕국의 "**통치권**"이 궁극적으로 하나님께 돌아간다는 사실을 배우게 된다.

2) 성경에서 유일하게 이방 왕국들의 흥망성쇠를 자세하게, 또한 교리적으로 다루고 있는 책은 다니엘서이다. **다니엘서에서 이방인들의 역사는 왕국을 중심으로 전개된다. 그리고 그 전개의 끝에서는 하나님께서 모든 왕국을 차지하신다.**

3) 따라서 모든 이방인은 "**하나님의 통치**" 앞에서 두려워 떨게 될 것인데, 이것이 바로 온 세상에 대한 하나님의 경륜의 핵심이며, 또 성경 전체의 주제이자 핵심인 것이다.

3. 다리오가 표적들과 이적들을 언급하면서 "유대인의 하나님"에 대해 증거했다(27절).

➡ 표적은 유대인들에게 주어졌고 하나님께서 유대인들을 인도하시는 방법이었다. 다리오가 하나님의 백성이 기적적으로 보호받는 표적을 보았고, 이에 하나님의 왕 되심을 고백했다. 대환란 때도 하나님께서는 그분의 백성들을 기적적으로 보호하실 것이다.

4. 다니엘이 페르시아인 코레스의 치리 때까지 번영을 누렸다(28절).

➡ B.C. 536년경에 코레스는 유다의 포로들을 귀환시켜 성전을 건축하게 했다(스 1:1-4). 『**페르시아의 코레스왕이 이같이 말하노라. 하늘의 주 하나님께서 세상의 모든 왕국들을 내게 주시고 내게 명하여 유다 예루살렘에 있는 전을 그를 위하여 건축하라 하셨도다**』(스 1:2).

1879년 이라크의 바빌론에서 "코레스 원통"이 발견되었다. 여기에는 바빌론이 메데 페르시아에 의해 패망한 사건이 설형문자(쐐기문자)로 기록되어 있다. 그리고 코레스가 에스라 1:1-4에서 "유대인들에게 예루살렘으로 올라가서 성전을 건축하라."라고 명령했던 칙령이 이 원통 안에 그대로 기록되어 있는 것이 발견되어 성경 말씀이 고고학적으로도 입증되었다.

〈코레스 원통〉

■ 다니엘 6장에서 얻을 수 있는 네 가지 교훈들 ■

① 이 세대에서 모든 죄의 뿌리는 "시기심"이다(창 4:3-8, 사 14:12-15)

② 마귀의 주된 활동 영역은 "종교적인 영역"이지, 결코 관능적인 영역이 아니다.

③ 세상적인 관점에서 어리석은 사람이 세상과 "타협하지 않는다."

④ 사자 굴속에 들어간다 해도, 하나님께서 함께하시니 "두려워할 필요가 없다." 유다 지파의 사자께서는(계 5:5) 울부짖는 사자를(벧전 5:8) 다루시는 데 능숙하시기 때문이다.

■ 새롭게 깨달았거나 적용할 내용이 있다면 적어 보세요. ■

제6과
복습문제

1. 『그분은 구해 내시고 구출하시며 또 하늘에서나 땅에서 (   )과 (   )을 행하시고 (   )의 힘에서 다니엘을 구해 내신 분이시니라." 하더라』(단 6:27).

2. 다니엘 6장에서 다니엘은 (   ) 때의 예수 그리스도의 모형으로 나타나는데, 죽었다가 부활하시는 모형을 취하는 것이다.

3. 세 명의 총리(단 6:2)는 삼위일체의 예표가 된다. (O , X)

4. 다리오 왕 통치하에서 총리들과 고관들은 "하나님의 율법에 관하여" 다니엘을 반대할 구실을 찾아내려 했는데(단 6:5), 이것은 초림 당시에 예수님을 대적한 바리새인들이 율법을 구실로 잘못을 찾아내려 한 것의 예표가 된다. (O , X)

5. 다니엘이 사자 굴에 던져졌다가 끌어올려진 것은 예수님의 (   )과 (   )을 예표한다.

■ 복습 문제의 정답은 홈페이지(www.solomonbtc.org)에서 확인할 수 있습니다.

NOTES

NOTES

<추 천 도 서>

다니엘

피터 S. 럭크만 지음 / 430쪽

20,000원(eBook 7,900원)

본서는 구약이 끝나는 시점부터 신약이 시작되는 시점까지의 역사 속에서 일어나게 될 미래의 일들을 기술하고 있는 책이다.

"성경"을 모르는 민족은 망했다

피터 S. 럭크만 지음 / 248쪽 / 12,000원

성경은 역사책이다. 성경의 첫머리(창 1:1)는 "역사"의 시작을 다루고 있다. 저자는 본서를 통해 성경이 얼마나 놀라운 책인지 독자들에게 알려 준다.

죽음의 재 같은 땅 이스라엘

피터 S. 럭크만 지음 / 520쪽

25,000원(eBook 9,900원)

역사적으로 가장 수난을 많이 당한 민족임에도 불구하고 여전히 인류 역사의 중심인 이스라엘의 모든 것들을 제시한다.

성경지도

편집부 지음 / 112쪽 / 15,000원

이 책 한 권으로 성경의 지리들을 이해함과 동시에, 구약과 신약에 있어 개론적으로 알아야 할 모든 것들을 이해할 수 있게 된다.

솔로몬 성경공부 시리즈

다니엘

제1권 성경은 종교가 아닌 역사의 책이다(1-6장)

초판1쇄 2021년 7월 9일
초판2쇄 2021년 9월 17일
지 은 이 / 편 집 부
발 행 인 / 이 송 오
발 행 처 / 말씀보존학회
출판등록 / 1988. 12. 12. 제16-223호
주 소 / 서울 강서우체국 사서함 제90호
전 화 / (02) 2665 - 3743
팩 스 / (02) 2665 - 3302
인 터 넷 / www.biblemaster.co.kr

잘못된 책은 바꿔 드립니다.

값 10,000 원